Marion Grillparzer

# GLYX-MIX

# In diesem Buch

Einfach losglyxen ist ein Start in ein neues Leben, ja, sowas wie ein Sechser im Lotto – für 70 Billionen Zellen. Für den Körper, für die Seele. Viel Spaß beim Lesen und Kochen. Und guten Appetit!



- vegetarisch
- raw
- to go
- vegan
- glutenfrei
- laktosefrei
- no carb (< 10 g KH)

# Vorwort

Darf ich mich kurz vorstellen, ich bin Ernährungswissenschaftlerin. Ich weiß viel über den Körper und die *Lebensmittel*. Ich koche recht gerne, esse sehr gerne, esse unglaublich gerne gesund – und hab kein bisschen Zeit zu verschwenden. Weil es nämlich meine ganze Leidenschaft ist, darüber zu schreiben. Über Essen, gesund Genießen und Abnehmen. Letzteres geht dann übrigens ganz nebenbei. Und noch nebenbeier geht das mit dem Thermomix®.

Dass ich den mal besitze, hätte ich vor einem Jahr noch nicht gedacht. Damals fand ich mich mit einer Schüssel voller Gemüse und Vorurteilen in meinem kleinen Dort-lebe-ich-in-meiner-Freizeit-Künstlerdorf im *wundervollen* Chiemgau bei Christiane ein. Wir mixten in lustiger Runde. Und ich ging nach Hause mit einer Schüssel voller Rohkost und Ideen, wie der weiße Topf mein Leben erleichtern könnte, und natürlich gleich auch noch das meiner Leser.

Als ich vor 20 Jahren anfing meinen ersten Lesern meine Glyx-Philosophie ans Herz zu legen, weil's nicht nur schlank macht, sondern vor allem glücklich und wach und gesund, waren manche sehr grantig mit mir. Das viele Gemüse schnippeln ... Suppen kochen, wo's doch die aus der Tüte gibt ... So viel Zeit ... habe man doch nicht ... Darum habe ich mir im Laufe der Jahre so einiges einfallen lassen, wie das Gesundessen auch schneller geht. Und trotzdem schmeckt. Trotzdem? Sagen wir lieber: erst recht. Weil nämlich in der Konzentration auf das Wesentliche die wahre Gaumenfreude liegt. Wir brauchen nur wenige, aber gute Zutaten. Und wir brauchen Gesundheit und Genuss. Ja, echten Genuss. Ich sag jetzt nur mal: Mandel-Pancakes, Sommerbeeren-Schaum, Rindfleisch-Tajine, 15-Minuten-Fischsuppe, Grüner-Apfel-Zitronensorbet ... Da läuft doch schon das Wasser im Mund zusammen. Des Weiteren freuen sich 70 Billionen Körperzellen. Nur die Adipozyten rümpfen die Nase. Die wollen Fast-Food. Doof. Denn das, was uns die Industrie mit ihren Fertigprodukten an Zeit schenkt, das nimmt sie uns an Lebenszeit wieder weg. Und durch die vielen Junkfood-Zipperlein ist die verbliebene Lebenszeit auch nicht so schön, wie sie eigentlich sein könnte. Da machen wir jetzt was dagegen. Mit diesem Buch schenke ich euch allen Zeit, jeden Tag – und Lebenszeit auch noch. Gesunde Lebenszeit, glückliche Lebenszeit. Und ganz nebenbei schrumpft die Adipozyte. Die Adi-was? Sorry: die gemeine Fettzelle.

Wo bleibt das Kocherlebnis? Natürlich nehme ich mir noch die Zeit, ein Lammkotelett in der Eisenpfanne zu braten. Während das Allroundtalent die Rohkost wiegt, schnippelt, mixt. Und freilich kommt der Gockel in der Reine in den Ofen. Während der gescheite Mixer die Tomatensuppe kocht, den Quinoa gart, die Heidelbeerbowl rührt. Der ergänzt mich doch einfach nur perfekt, sozusagen ein zweiter Mann in der Küche. Gott sei Dank still. Na ja, fast. Passt wunderbar zur Glyx-Philosophie.

Glyx-Moment noch mal! Wenn Sie mich noch nicht kennen: Glyx ist die gesunde Lebensweise für Jedermann. Für jeden Tag. Die auch der Doc verschreibt. Glyx ist die Fee, die nachts die Klamotten weiter macht. Glyx ist Zufriedenheit, Energie, Wachsein, die die gut gefütterten Nervenbotenstoffe und Hormone im Körper zaubern. Glyx ist der Begriff, der mir und meinem Mann Wolf (ja, den kennen meine Leser mittlerweile auch recht gut) bei einem Glas Wein am Küchentisch eingefallen ist, in Anlehnung an den DAX als Abkürzung für den glykämischen Index. Das war vor 20 Jahren. Und der steht heute im Duden. Glyx ist ein Leben voller Glücksmomente. Und das – ich verspreche – ist kein leeres Versprechen.

Und weil Glyx auf fünf Beinen steht: gesund essen und trinken, mit Spaß bewegen, clever entspannen, Körper wahrnehmen, täglich entgiften, kann man wunderbar meine kleinen Minutenrezepte ins Leben einbauen, während der Glyx-Mix seine Runden dreht (Brummmeditation, Glücks-Küchen-Yoga ... einfach von meiner Webseite runterladen). Im Bauch die leckersten Rezepte der Welt, von Susann Kreihe. Alle Rezepte in diesem Buch hat sie mit dem Thermomix® TM5 entwickelt und ausprobiert.

Ich wünsche guten Appetit und ein langes, gesundes, glückliches Leben.
Herzlichst

# Glyxen heißt …

Gesund essen, schlank essen, gut essen, schnell kochen.
Ja, das passt alles in einen Topf. Mit Glyx und Mix geht das Abnehmen so was von auf Knopfdruck, ganz nebenbei – und, ja freilich, schmecken tut's auch!
Einfach mal vier Wochen ausprobieren.
Und: Vorher die Blutwerte vom Doc messen lassen.

## KONZENTRATION AUF DAS WESENTLICHE

Glyx steht für: ursprünglich und wirkungsvoll. Ich bin ein Feind von Fertigprodukten, die Dinge enthalten, die nichts mit „Leben" zu tun haben. Stärke, Zucker, Weißmehl, Farbstoffe, Konservierungsstoffe, technische Hilfsmittel, Weichmacher, gehärtete Fette, Aromastoffe, Süßstoffe … Die bringen unseren feinen biochemischen Hormon- und Neurotransmitterhaushalt so durcheinander, dass unser Energiehaushalt in Richtung müde, dick, krank läuft. Geht anders. Essen, so wie die Natur es uns auftischt, kann mehr als nur schmecken. Es kann wirken. Besser als jede Pille aus der Apotheke. Richtig essen macht wach, fröhlich, fit, energiegeladen, gesund – und schlank so gut wie nebenbei. Wer glyxt, konzentriert sich auf das Wesentliche. Den Spargel selbst, nicht das Drumrum namens Tütensuppe. Den echten Joghurt, nicht das zuckersüße, aromastoffreiche Industrieprodukt. Wir nutzen die Heilkraft, die in unserem Essen steckt, die funktionalen Lebensmittel (Nutraceuticals) der Natur. Vom Steinsalz bis zur alten, wieder aufgelebten Selleriesorte, vom Markknochen bis zum Lupinenmehl.

## KOCH SELBST – UND NIMM AB

Wer selbst kocht, nimmt ab, ganz nebenbei. Der weiß, was drin ist. Nämlich nicht die Dickmacher, die die Lebensmittelindustrie zusetzt, damit wir mehr essen. Mehr Zucker, mehr Fett, mehr Glutamat, mehr Chemie … Die alle sorgen für schwelende Entzündungen im Körper, für Insulinresistenz, für Übersäuerung, für Gewichtszunahme. So ein kochender Mixer macht einem das gesund und schlank Essen einfach sooooo leicht. Weil es im Grunde nicht viel mehr Zeit kostet, als sich ein Fertigprodukt warm zu machen. Okay, ein bisschen mehr. Aber die schenkt jede Menge Lebenszeit. Nicht mehr als zehn Minuten: Die Gemüsebrühe für jeden Tag, Fit-Fühl-Salat, Paprika-Buttermilch-Gazpacho, Hähnchenbolognese mit Kohlrabinudeln, Auberginen-Amaranth-Burger.

## CARB EIN BISSCHEN ...

Kohlenhydrate? Früchte, Getreide, Süßes? Aber ja. Halt nicht soooo viel und die mit niedrigem glykämischem Index. Mit niedrigem Glyx. So, wie sie die Natur uns liefert. Mit dem ganzen Ballast dabei, den Fasern, den Schalen ... Zuckers Gegengift sozusagen. Damit die Bauchspeicheldrüse nicht so viel vom Blutzuckerhormon Insulin ausschüttet. Das uns den Heißhunger schickt und die Lipolyse (Fettverbrennung) stoppt. Und wie machen wir das auf clevere Art und Weise? Wir ersetzen die Kohlenhydrate, die uns dick machen, durch Alternativen, die uns schlank machen, und auch noch besser schmecken. Industriezucker durch Rohrohrzucker, Honig, Reissirup, Kokosblütenzucker, Datteln und andere getrocknete Früchte. Und wir ersetzen Weißmehl durch Mandelmehl, Kichererbsenmehl, Hanfmehl, Süßlupinenmehl, schwarze Bohnen ... lecker! Probiert mal: Mandel-Pancakes, Apfel-Frischkorn-Müsli, Gemüse-Emmersotto mit Lachsschaschlik, Schwarze-Bohnen-Brownies. Und wir ersetzen die üblichen Kohlenhydratsnacks vom Obst bis zum Schokoriegel durch kleine, uns energetisierende proteinreiche Vitalstoffwunder. Hummus. Glyx-Sandwich. Aktivierte Nüsschen. Oder schlicht ein Ei. Und ab und zu bringen wir einen Turbo in die Fettverbrennung, weil wir NoCarb frühstücken oder abendessen. Ab und zu! Sonst leiert der Stoffwechsel aus.

## ... UND PASS BEIM FETT AUF

Freilich, man spart ein wenig an tierischen Fetten. Man braucht weder Schweinenacken noch die lebensverkürzende Wurst. Aber man meidet „light" ganz genauso. Milch- und Milchprodukte wählt man so unverarbeitet wie möglich und mit dem Fettgehalt der Natur. Man genießt vom fetten Käse halt das kleinere Stück. Man schaut, dass man genug kriegt von Olivenöl (Natives extra), Leinöl, Hanföl, Walnussöl. Davon kann man genießen, so viel man will.

*»Ungesättigte Fettsäuren (Omega-3) aus guten Pflanzenölen, Nüssen oder Samen senken den Insulinspiegel und machen auf diesem Weg die Fettverbrennung möglich.«*

Sie locken gute Eicosanoide, das sind Gewebehormone, die das Immunsystem unterstützen, schwelende Entzündungen im Keim ersticken und den ganzen Menschen auf gesund trimmen. Sie normalisieren das Appetithormon Leptin und stimulieren Hormone und Enzyme, die den Fettstoffwechsel anregen. Und: Sie erhöhen die Thermogenese, sorgen also dafür, dass Kalorien als Wärme verpuffen.

Wundervoll ist natürlich Olivenöl, weil es schmeckt, weil es schlank macht, Mitochondrien macht ... Gut zur Abwechslung: Sesamöl, Kürbiskernöl, Arganöl. Bitte sparsam sein mit: Distelöl, Weizenkeimöl, Maiskeimöl, Sojaöl, Sonnenblumenöl. Ihre Omega-6-Fettsäuren verdrängen die guten Omega-3-Fettsäuren. Ein Pulverfass. Macht Entzündungen im Körper. Die Grundlage für die meisten Zipperlein von Gelenkschmerzen bis Depression. Kokosöl? Macht satt und hilft mit seinen mittelkettigen Fettsäuren beim Abnehmen. Ich würde da abwechseln mit anderen Ölen – und mit der Dosis nicht übertreiben. Mal ein Löffelchen im Kaffee, mal einer in der Pfanne. Butter darf ruhig auch mal in die Pfanne – aber nicht zu stark erhitzen. Und sie gehört aufs Brot. In Abwechslung mit Quark und Avocado und Olivenöl. Leckere Brotaufstriche aus dem Mixer wie Glyx-Obatzda, Glyx-Mix-Frischkäse, Kürbiskern-Kräuter-Pesto.

## ACHTE AUF DEIN PROTEIN

Eiweiß ist ein Fatburner. Liegt Eiweiß – eine Fischkalorie – auf dem Teller, wird viel mehr Energie in Wärme überführt (und steht daher den Problemzonen nicht mehr zur Verfügung), als wenn Kohlenhydrate auf dem Teller liegen, also die Kartoffelkalorie, die Brotkalorie oder die Nudelkalorie. Übersetzt heißt das: Wenn man Eiweiß isst, holt sich der Körper Energie aus den Fettdepots, um das Eiweiß in Körpereiweiß umzuwandeln. Und: Eiweiß macht satt und glücklich. Erhöht die Botenstoffe der guten Laune. Eiweißreich kochen? Damit das nebenbei und glücklich Abnehmen auch funktioniert. Wir auf unsere 1,5 Gramm Eiweiß pro Kilo kommen. Klar. Leckere Lieferanten: Quinoa-Kefir, Quick-Start-Quark, Hüttenkäse-Ei-Muffins, Lachs-Amaranth-Rollen, Hähnchentopf ... Klar, Fleisch, Fisch, Geflügel, Eier liefern am meisten Eiweiß. Etwa 20 Gramm pro 100 Gramm. Aber auch in Pflanzen steckt es drin: Nüsse liefern pro 100 Gramm 20 g, Linsen 25 g, Lupinenmehl 30 g, Quinoa 16 g, Kichererbsen 20 g. Auf meiner Webseite kann man sich eine Glyx-Mix-Eiweißtabelle runterladen. Wichtige Regeln? Abwechslung reinbringen. Vor allem viel pflanzliches Eiweiß auf den Plan setzen. Weißem Fleisch wie Fisch und Geflügel den Vortritt lassen. Wild gehört auch zur ersten Wahl. Wenn Rind, dann Weiderind. Das hat andere Fettsäuremuster. Schwein haben wir nicht im Glyx-Programm. Wenn, dann mal ein Stück guten Schinken vom freilaufenden Wollschwein oder dem schwarzen Iberischen Schwein, das Eicheln frisst. Die haben ein völlig anderes, gesundes Fettsäuremuster.

## DIE 10 GEBOTE

1. Minimiere Zucker, Weißmehl und Süßstoffe – auch in Getränken.
2. Meide Fertigprodukte – das heißt alles, auf dessen Zutatenliste mehr als vier Dinge stehen. Es sei denn, es handelt sich um eine bunte Gemüsemischung aus der Tiefkühltruhe.
3. Steck mindestens zehn Minuten Zeit in das, was du isst. Oder beauftrage einen klugen Mixer.
4. Iss Leben. Zu jeder Mahlzeit ein bisschen. Gekeimtes, Fermentiertes, (so gut wie) frisch Gepflücktes.
5. Hör auf deinen Körper – mag er es lieber warm oder kalt, roh oder gekocht, jetzt gleich oder später …?
6. Genieß die Vielfalt, die die Natur dir bietet. So frisch, so unverarbeitet wie möglich.
7. Eine Zutat sollte Obst oder Gemüse sein.
8. Schenke deinem Körper nach dem Essen vier bis fünf Stunden Zeit zum Verdauen – ohne Nachschub. Es sei denn, du hast Hunger. Dann genieße einen Snack, der den Fettabbau nicht bremst. Joghurt, Beeren, Gemüse, ein paar Nüsse …
9. Gib dem Körper, was er braucht (Eiweiß, Ballaststoffe, essenzielle Fettsäuren, Biostoffe der Pflanzen), dann lässt er das los, was er nicht braucht: Fett.
10. Halte dich niemals zu 100 Prozent an Regeln – 80 Prozent tun's auch.

# Glücks-Mix

Wer mich kennt, weiß: Langfristig abnehmen funktioniert nur mit Glücksgefühlen. Junkfood (Weißmehl, Stärke, Zucker, Chemie) macht über Entzündungsreaktionen nicht nur dick, sondern auch depressiv. Meiden wir. Und: Essen und Trinken ist Wirk-Medizin. Glücksmedizin. Dazu zählen zum Beispiel psychotrope Aminosäuren, Omega-3s, Selen und B-Vitamine.

## RAW IST EINE FEINE SACHE ...

Ein bisschen widersinnig, aber mit dem neuen Mixer zog tatsächlich mehr Rohkost in mein Leben ein. Leben pur. Das Antidepressivum! Hilft mitunter, dass wir so ein Fertigprodukt besser vertragen. Wird bei euch nicht anders sein. Kommt der Kohlkopf mit der Biokiste, liegt er nicht mehr wochenlang rum, weil mir alle Nase lang eine Ausrede einfällt, warum ich ihn gerade nicht auf der Reibe ... Nun kommt er sofort aufs Holzbrett, wird grob geschnitten, fliegt in den Mixer. Wird vermählt mit gutem Essig, gutem Öl, Steinsalz und frisch gemahlenem Pfeffer. Da wirbelt er fünf Sekunden – und dann kommen noch ein paar Nüsschen drauf. Und rein in den Bauch. Die Brokkoli-Walnuss-Suppe ist in 14 Minuten fertig. Der Raw-Blumenkohl-Bulgur überrascht Gaumen und Seele. Raw heißt: keine Sekunde heißer als 42 Grad. Das hält die Vitalstoffe beieinander. Und wie viel Raw braucht der Mensch? Ich würde sagen: fifty-fifty. Wenn man es verträgt. Mancher verträgt es halt nicht. Fifty-fifty? Einfach funktioniert das mit einem Smoothie, einem Salat, Sprossen und Keimen und natürlich etwas Rohkost.

## MORGENGLÜCK KANN MAN MIXEN

Wenn ich morgens in meine Küche komme, bin ich schon ziemlich froh, dass da so ein superschnelles Helferlein steht, das mir in Windeseile mein Morgenglück mixt: Jede Menge Vitalstoffe, eine dicke Portion Ballaststoffe, viel Eiweiß und genau so viel (sprich wenig) Kohlenhydrate, dass der Körper mit dem Angebot die Nervenbotenstoffe der Zufriedenheit und Leistung bilden kann – und die Fettverbrennung trotzdem noch weiterläuft. Und die Darmbakterien auch schon mal so richtig zufrieden sind. Praktisch heißt das: Kräuteromelett mit Protein-Samen-Brot. Buchweizenporridge mit Erdbeermus, Quick-Start-Quark ... Mandel-Pancakes mit Aroniabeeren. Quinoa-Kefir-Bowl, Hüttenkäse-Ei-Muffins, der weltbeste Bagel mit selbst gemachtem Frischkäse. Und natürlich mein Lebensretter-Smoothie. Theoretisch heißt das: nicht mehr als 30 g Kohlenhydrate im Frühstück. Glyx-niedrig! Und ab und zu verlängert man mit einem NoCarb-Frühstück die Fastenphase des Körpers. So gut wie Teilzeitfasten.

## SÜSS IST ERLAUBT

Jeder braucht ab und zu was Süßes. Kann man sich mit dem Mixer jederzeit und wunderbar schlank zaubern. Mit supersoftem Softeis, Schoko-Leinsamen-Pudding und Eiweiß-Keksen kommt man fröhlich durchs Leben. Mit was darf man denn süßen? Ich bin immer für Natur. Rohrohrzucker, Dicksäfte, Honig. Habe aber nix dagegen, wenn man mal den Birkenzucker nimmt, mal Stevia. Aber immer kombiniert mit etwas natürlich Süßem. Wichtige Regel: niemals leere Kalorien gesüßt anbieten. Das kennt der Körper nicht. Das stört unser feines biochemisches Programm. Und macht am Ende traurig und dick.

### SCHOKOLADE IST EIN GLÜCKS-GEMÜSE

Die Kakaobohne liefert schlank machende Bitterstoffe, Eiweiß, Magnesium, Zink, Eisen, Chrom, Kupfer, Omega-3s, Magnesium – kein anderes Lebensmittel der Welt hat so viele Antioxidantien (30-mal mehr als grüner Tee). Wirkt positiv auf Knochenwachstum, auf Blutbild und Zellwachstum, stärkt Herz und Kreislauf, stärkt und erhöht unsere Energie. Reiner Kakao enthält die Stimmungsaufheller Theobromin und Serotonin, das natürliche Antidepressivum Tryptophan, er fördert das Wachstum von Hautzellen, unterstützt die Wundheilung und glättet Falten. Ideale Schoko-Medizin: raw, bitter (mehr als 80 Prozent Kakao), ohne Zusatz von Zucker und Milch.

## DARM GUT, ALLES GUT: FERMENTIERE DOCH MAL

Unsere größte Glücksfabrik heißt: Darm. Und der braucht, um uns glücklich zu machen, Ballaststoffe und Eiweiß. Glyx heißt, wir lassen die konservierende Lebensmittelchemie einfach mal weg. Meiden Fertigprodukte. Und machen mit den Lebensmitteln das, was uns lange, lange Zeit gutgetan hat. Der Mensch hat seine Lebensmittel fermentiert, weil sie das haltbar gemacht hat und weil das sehr, sehr bekömmlich war, den Darm gut aufgestellt hat. Der Mensch hat damals noch nix gewusst von schwelenden Entzündungen im Körper. Noch nix von Säure-Basen-Gleichgewicht. Noch nix von Mikrobiom. Und genau darum kümmert sich Fermentieren. Es macht das Gemüse so richtig basisch. Gut für die Darmpopulation. Medizin für den ganzen Körper. Täglich eine kleine Portion essen, von unserem milchsauer eingelegten Kohl. Mit diesem Rezept kann man natürlich auch anderes Gemüse fermentieren. Und plötzlich tut sich was. Mit der Energie. Mit der Laune. Mit dem Gewicht.

## UND BACK DIR DAS GLÜCK IN DEN BAUCH

Das weltgesündeste Brot ist genau meins. Low Carb, glutenfrei, vegan, superschnell ... und einfach unendlich lecker. Vor allem das, was wir gerne und viel essen, sollte so sein, dass es uns lieber schlank macht als dick. Und natürlich glücklich. Brot? Ja, das funktioniert. Ballaststoffe, Eiweiß und B-Vitamine rein, in Form von Nüssen und Samen und Flocken, Gewürze, Wasser in die Schüssel. Dann 1 Stunde im Ofen backen. Fertig. Und so macht der Mixer auch superschnell den Teig für mein Knäckebrot aus Gemüse und Buchweizen. In jedem Fall: Ich weiß, was drin ist. Und das belastet weder Gefäße noch die Hüfte. Und der Kuchen: lecker! Schwarze-Bohnen-Brownies oder, ganz ohne Backofen, der Käsekuchen aus dem Varoma – mit viel Eiweiß und Süßlupinenmehl.

## 7 LEBENSRETTER

Der Mixer ist für mich so was wie ein Glyx-Ritter. Er rettet mich auf märchenhafte Weise aus kleinen und größeren Nöten. Die folgenden sieben Rezepte retten immer mal wieder das Leben. Erst meins, dann deins.

### MEIN GLYX-BROT

Ich brauch ein Brot? Glutenfrei. Glyx-niedrigst. Eiweißreich. So was von gesund. Geht sozusagen im Vorübergehen. Nüsse, Kerne und Samen rein, insgesamt 200 g. Klein hacken – 3 Sekunden/Stufe 5. 100 g Buchweizenflocken dazu – und ganz wichtig: 3 EL Flohsamenschalen. 1 TL Meersalz. Fenchel. Kümmel. Koriander. Ein Schuss Olivenöl (15 g) dazu. Und 250 g Wasser. 20 Sekunden/Stufe 4 mischen. 1 Stunde quellen lassen. 1 Stunde bei 180 °C backen. Fertig.

### MEIN GLYX-WACHRUF

Wenn ich morgens halbblind die Treppe runterstolpere, irgendwie zum Mixer komme, muss, was dann passiert, einfach sein. Schnell sein. Und wirkungsvoll. Dafür hat mir mein Wolf fünf Töpfchen hingestellt: Kakaobohnen, Leinsamen, Datteln, Paranüsse, Äpfel. Daraus wandert je ein Stück oder 1 Löffel (Leinsamen) in den Mixer. Der Apfel wird vorher geviertelt. Dazu kommt mein selbst gezüchteter Kefir (250 g) für den Darm – und zwei große Handvoll grüne Blätter. Was halt da ist. Knopf drehen, 1 Minute/Stufe 10 – und aufwachen.

#### MEIN GLYX-EIS

Lust auf Eis? Dann 500 g TK-Beeren in den Mixer und 10 Sekunden/Stufe 8 zerkleinern, 2 EL Kokosblütenzucker, 500 g Joghurt dazu. Mithilfe des Spatels 30 Sekunden/Stufe 4 cremig rühren. Vier Mann sind versorgt – und vier Heere von Darmbakterien.

#### MEINE GLYX-GUMMIBEEREN

500 g derzeitige Lieblingsbeeren (die wechseln bei mir) und 5 Datteln im Mixer 30 Sekunden/Stufe 5–8 ansteigend pürieren. Das Mus auf einem Backpapier ausstreichen. Im Dörrapparat oder Backofen 6 Stunden trocknen lassen. Gummibeeren ausstechen.

#### MEIN GLYX-MUS

Nichts dimmt den heißen Süßhunger auf intelligentere Art und Weise als warmes Apfelmus. Oder warmes Beerenmus. Warm ist immer für die Seele. Mus ist auch immer für die Seele. So mutieren wir zu glücklichen Kindern am Brei. Also für 4 Portionen einfach 500 g Äpfel samt Kerngehäuse in Stücken in den Mixer geben. 1 EL Rohrohrzucker dazu. ½ TL Zimtpulver und, wenn da ist, noch das Mark einer Vanilleschote auskratzen. 10 Minuten/100 °C/Stufe 1 kochen, anschließend 15 Sekunden/Stufe 5 pürieren. Und warm genießen.

#### MEINE GLYX-KEKSE

Je eine Handvoll (2 EL) Buchweizenflocken, Nüsse, Kerne, Samen und getrocknete Aroniabeeren in den Mixer geben. Ganz kurz hacken (3 Sekunden/Stufe 8). Mit 1 EL Honig süßen. 100 ml Nussmilch dazugeben und mit 3 EL Flohsamen binden. 20 Minuten quellen lassen. 30 Sekunden/Knetstufe mischen. Mit einem Löffel 20 Häufchen auf ein mit Backpapier ausgelegtes Blech setzen. Und im vorgeheizten Backofen bei 160 °C etwa 30 Minuten trocknen.

#### MEINE MARIONADE

Wasser mit Minzeblatt und Zitrone. Das ist schlicht. Kurbelt die Fettverbrennung an. Kann man anreichern. Mit Gurkenstreifen und Cayennepfeffer. Treibt uns noch effektiver in den Schlankmodus. Neuerdings halte ich mir so etwas Wundervolles wie einen Kefir. Der Pilz holt mir den Zucker aus der Milch – und steckt Enzyme, Milchsäurebakterien und Vitamine rein. Mit Zitrone und Minzeblatt die neue weiße Marionade. Laktosefrei!

# Der 2. Mann

„Wooooolf, kannst du mal die Karotten klein schneiden, die Salatsauce anrühren, das Eiweiß schlagen, die Mandeln mahlen ...?" Bitte nicht falsch verstehen, Wolf macht das im Grunde genommen gerne. Nur ist der nicht immer da. Und wenn er da ist, dann hört er halt gern Jazz oder Rock. Hard Rock. Ganz laut. Was mich und die Milch sauer werden lässt ... Nun habe ich einen zweiten Mann in der Küche. Den Thermomix®. Der macht das still. Bis auf das wirklich ausgesprochen grässliche Gedudel, mit dem er Vollendung meldet.

Ich plaudere ja immer gerne ein bisschen aus dem Nähkasterl. Weil ich finde, das zeigt: normal. Ich bin ganz normal. So wie alle anderen auch. Wie ich das erste Mal in Susanns Rezepten ein Kräuter-Joghurt-Rezept gelesen habe: Einstellen auf 10 Sekunden Linkslauf. Habe ich mir gedacht: so ein Hund. Unglaublich. Jetzt kümmert der sich auch noch darum, ob die Milchsäurebakterien linksdrehen oder rechtsdrehen. Und ich selbst hab noch nicht mal ansatzweise drüber nachgedacht, ob der Mixer, wenn er nach rechts dreht, die linksdrehenden Milchsäurebakterien zerstört.
Ich glaube, er tut das nicht. Und ich hab dann auch irgendwann begriffen, dass Linkslauf nicht schneidet, weil die Messer nur auf einer Seite ihre Schneide haben. Gesunder Menschenverstand?
Na ja. Ich habe mich auch schon auf meinen gesunden Menschenverstand verlassend dermaßen verkocht. Beispielsweise der Rote-Camargue-Reis, der erste Reis, den ich einfach nach Packungsangabe in meinem noch sehr neuen weißen Küchenhelfer statt im Topf gegart hab. Ohne den Gareinsatz. „Wooooolf, wo sind Hammer und Meißel?" „Wofür brauchst du die denn?" „Für den roten Betonklotz im Gartopf." Gott sei Dank habe ich Wolf, dem ich das dann in die Hand drücken kann ... „Ich muss zum Pferd!" Was ich sagen will: Man sollte sich tunlichst erst dann auf seinen klugen Menschenverstand verlassen, wenn man mit dem Thermomix® schon ein bisschen Erfahrung gesammelt hat.

Das geht schnell. Und wer klüger ist als ich, der blickt das auch ganz schnell mit dem Chip und dem internen Kochbuch und für den ist der weiße Geselle dann einfach alles: Waage, Zutateneinflüsterer, Schnippler, Rührer, Koch. Ich guck ehrlich gesagt lieber ins externe Kochbuch. Und mach das dann sozusagen per Hand. Muss ich ..., ich lebe von Büchern. Na ja, und ich mag sie auch.

## WAS KANN ER ALLES?

Gefahrenfrei kochen: Wer mich kennt, weiß, wie viele Töpfe ich schon ins Jenseits befördert habe. Das geht so: Was auf den Herd stellen. Schnell einen Text fertig schreiben. Telefon klingelt. Und der Feuermelder beschert mir und den Nachbarn fast einen Herzinfarkt. Inhalt und Topf sind eins. Also hier ist der Thermi einfach wie für mich geschaffen. Der kocht und dünstet, erhitzt kontrolliert – hört auf, wenn er fertig ist, und rührt. Da läuft nix über, brennt einfach nix an. Das gilt für fast alle Rezepte in diesem Buch. Freilich sollte man sich tunlichst auch immer an die mitgelieferte Gebrauchsanleitung halten.

**Emulgieren und mischen:** Da ersetzt er meinen Wolf am Schneebesen. Macht leckere Glyx-Dressings. Und einen genialen Frischkäse und den glyxlichen Zitrus-Fruchtaufstrich ... Er mischt den Mandel-Pancake-Teig, schlägt den Sommerbeeren-Schaum ... püriert den Quick-Start-Quark geschmeidig. Vereinigt Beeren mit Joghurt (zur Heidelbeer-Passionsfrucht-Bowl), zaubert cremige Tahin-Chili-Sauce oder den Glyx-Obatzdn.

**Kneten:** Da langt er kräftig zu. Linksrum, rechtsrum, drumherum ... Heraus kommen unsere weltbesten Bagels. Das Protein-Samen-Brot. Die Schwarze-Bohnen-Brownies. Nein, backen tut er noch nicht. Aber er macht jeden Teig, bis der Ofen aufgewärmt ist. So gut wie alleine. Und ich mach derzeit den Faszien-Fersenlauf, den Po-Muskel-Stabilisator, den Steh-Entgift-Dreh ...

**Dampfgaren:** Unten Wasser rein, obendrauf in den Korb Gemüse, Fisch, Fleisch, ein Omelett oder den Käsekuchen. Zeit einstellen. Temperatur einstellen. Geschwindigkeit einstellen. Und in kürzester Zeit ist das Essen fertig. Reich an Vitaminen, reich an Aroma. Sogar das Lachsschaschlik macht er super-saftig!

**Mahlen (Stufe 8–10):** Also das finde ich auch sensationell. Ich füll Haferkörner, Nüsse, Leinsamen, Mohn rein und der macht mir Mehl draus. Das hat alle Ballaststoffe, alle Vitamine und Mineralien – und einen niedrigen Glyx. Schmeckt halt auch viel besser als das tote Zeugs aus der Packung, das ewig im Regal rumhängt. Und wenn's da schon drin ist, im Bauch vom Thermi, kann man gleich Muffins draus machen ... Beeren-Quark-Muffins, Schokoladen-Leinsamen-Pudding, Protein-Samen-Brot, Frischkorn-Overnight-Oats ... Man sollte nur darauf achten, dass man nicht zufällig die Plastikflügelchen vom Rühraufsatz mit den Körnern mahlt, der darf nicht höher als Stufe 4 verwendet werden! Sonst landet er als Mehl im Kuchen. (Nein, Wolf, diesen habe ich dich nicht probieren lassen.)

**Mixen:** Der Smoothie am Morgen hat mein Leben verändert. Und das von Wolf und meinen Mitarbeitern auch. Obst, grüne Blätter, Nüsse, Samen wandern in den Mixtopf. Langsam die Geschwindigkeit rein drehen, von 6 auf 10. Und in wenigen Sekunden hat man ein glattes, smoothiges Lebenselixier. Das legt den Zufriedenheitsknopf des Körpers für den ganzen Tag um. Das genaue Rezept steht auf Seite 36. Das Beereneis im Sommer hat mein Leben verändert, das von Wolf, das meiner Mitarbeiter ... einfach gefrorenes Obst in den Mixbecher, mit einem Joghurt, einem Löffel Rohrohrzucker, ein paar Minzeblättern und schon glyxt es glücklich aus allen Bäuchen. Oder die beiden Sorbets von Seite 92 und 93 ausprobieren.

**Schlagen (Stufe 3–4):** Einfach unschlagbar. Das mag Wolf nämlich gar nicht. Irgendwie kriegt er Eiweiß, Milch, Saucen und Co. einfach nicht so richtig steif oder schaumig. Das kann der technische Mitarbeiter echt besser. Rühraufsatz auf das Messer setzen. Eiweiß rein, auf Stufe 3.5 stellen – und Leichtes und Lockeres zaubern für den Sommerbeeren-Schaum, die Käsekuchenmasse.

**Wiegen:** Ich bin ja eher so ein ungeduldiger Pi-mal-Daumen-Mensch – und das macht sich manchmal ganz gut. Aber halt nur manchmal. Grad beim Backen ist es schon besser, wenn man einen kleinen Kontrolleur mitarbeiten lässt. Und genau das macht die integrierte Waage schon ganz besonders clever. Ganz nebenbei spart das freilich auch noch Zeit.

**Zerkleinern:** Er zerkleinert Schokolade, Zucker, Zwiebeln, Nüsse, Knoblauch, Parmesan, Kräuter, Äpfel, Birnen, Zwetschgen, Beeren und Möhren, Süßkartoffeln, Zucchini, Kürbis. Über Zeit und die Geschwindigkeit steuert man, ob Mehl, Mus, Brei, Rohkost ... also wie grob oder fein die Zutaten zerkleinert werden. Dauert Sekunden, spart Stunden. Kann man wundervoll in Bewegung umsetzen. Mandelmehl selbst machen (Mandel-Pancakes), Hackfleisch herstellen (Wildhackbällchen) und Rohkostsalate in tausendfacher Variation (z.B. Fit-Fühl-Salat).

## WELCHE STUFE FÜR WAS?

Wer einmal versucht hat, ein Eiweiß auf Stufe 10 steif zu schlagen, oder die Kräuter auf Stufe 5 unter den Hüttenkäse bugsieren wollte, der guckt sich dann ein wenig genauer an, wie hoch man aufdrehen darf.

**Rühren und Stufe 1:** schonendes Bewegen der Zutaten, wie beim Rühren mit dem Kochlöffel oder Schneebesen

**Stufe 2–3:** Mischen von weichen Zutaten (Kartoffel- oder Gemüsestampf oder -püree, stückige Suppen), Zerkleinern von weichen Zutaten (etwa hart gekochte Eier)

**Stufe 2–4:** Mischen von Zutaten und grobes Zerkleinern (Stufe 4), Emulgieren und Aufschlagen von Zubereitungen mit Ei, Saucen und cremigen Massen

**Stufe 3/3.5:** Sahne und Eischnee schlagen (mit Rühraufsatz max. Stufe 4)

**Stufe 4–6:** Zerkleinern von festen Gemüsen (Brokkoli, Möhren, Zwiebeln, Kohlrabi), Zerstoßen von Eiswürfeln, Cremigrühren von Eis

**Stufe 5–8:** Mixen

**Stufe 8–10:** Pürieren und sehr feines Mahlen, vor allem von harten Zutaten (etwa Gewürzen, Kaffee, Getreide). Hier spielt sich das Smoothie-Machen ab.

**Turbo:** Pulverisieren und Mahlen

**Linkslauf/Rechtslauf:** Der Linkslauf ermöglicht schonendes Rühren bei langsamen Geschwindigkeiten. Ist unter anderem gut für die Hüttenkäse-Ei-Muffins, denn so bleibt der Hüttenkäse auch ein Hüttenkäse!

**Knetstufe:** Kneten von Hefeteigen, Brotteigen und Nudelteigen

# Frühstück

Guten Morgen, Hüttenkäse-Ei-Muffins, guten Morgen, Buchweizen-Porridge, guten Morgen, Quinoa-Kefir-Bowl, Mandel-Pancakes ... So startet der Glyx-Mix-Tag fröhlich – und natürlich bleibt's beim Fettverbrennungsmodus.

# FRISCHKORN-OVERNIGHT-OATS *mit Aprikosen*

Wenn Weizen, dann der gute alte Kamut. Der ist kein Darmschädling und bringt Abwechslung in den Frischkornbrei. Und Aprikosen machen schön. Versprochen!

**ZUTATEN FÜR 2 PERSONEN**

50 g Khorasan-Weizen (Kamut®)
2 getrocknete Aprikosen
4 Mandeln
4 frische Aprikosen
200 g Naturjoghurt (oder Ziegenjoghurt)

**ZUBEREITUNG: 5 MINUTEN + ÜBER NACHT EINWEICHEN**

**NÄHRWERTE PRO PORTION**

10 g Eiweiß • 5 g Fett
27 g Kohlenhydrate

1 Am Vorabend den Weizen, die getrockneten Aprikosen und die Mandeln im Mixtopf 5 Sekunden/Stufe 10 schroten. In den Mixtopf 150 g Wasser einwiegen und 10 Sekunden/Linkslauf/Stufe 2 untermischen. Den Frischkornbrei in zwei Schraubgläser (à etwa 150 ml Inhalt) füllen und über Nacht bei Zimmertemperatur einweichen lassen.

2 Am nächsten Tag die frischen Aprikosen waschen, trocken tupfen, in feine Würfel schneiden und mit dem Joghurt in die Gläser füllen. Die Overnight Oats mitnehmen und unterwegs schmecken lassen.

# BUCHWEIZENPORRIDGE
## *mit Erdbeermus*

Buchweizen liefert die essenzielle Aminosäure Lysin, sie hält als Bestandteil des Kollagens die Haut straff. Die Erdbeere reinigt die Leber. Gemeinsam schärfen sie die Abwehr.

ZUTATEN FÜR 2 PERSONEN

60 g Buchweizen
130 g Mandel- oder Nussmilch
(z.B. aus dem Vorrat, siehe S. 118)
200 g Erdbeeren
1 EL Zitronensaft

**ZUBEREITUNG: 10 MINUTEN**

1 Den Buchweizen im Mixtopf 5 Sekunden/Stufe 6 zerkleinern. Die Mandelmilch hinzufügen und 5 Minuten/75 °C/Linkslauf/Rührstufe erwärmen. Das Porridge aus dem Mixtopf in eine Schüssel umfüllen und den Mixtopf spülen.

2 Die Erdbeeren waschen, putzen und mit dem Zitronensaft im Mixtopf 3 Sekunden/Stufe 5 zerkleinern. Die Masse mit dem Spatel nach unten schieben und nochmals 15 Sekunden/Stufe 8 pürieren.

3 Das Buchweizenporridge in zwei Schälchen füllen und das Erdbeermus über dem Porridge verteilen. Nach Belieben mit einigen halbierten Erdbeeren belegt servieren.

NÄHRWERTE PRO PORTION

4 g Eiweiß • 2 g Fett
27 g Kohlenhydrate

# QUINOA-KEFIR-BOWL
## mit Grapefruit

Schon gewusst, dass die Grapefruit eine Beere ist und die Himbeere keine? Abseits von Botanik halten beide den Insulinspiegel in Schach, während sich der Kefir um die Darmpopulation kümmert.

ZUTATEN FÜR 2 PERSONEN

60 g Quinoa
Salz
150 g Himbeeren
1 Grapefruit
150 g Kefir
2 TL Leinöl
2 Stiele Minze

**ZUBEREITUNG: 20 MINUTEN**

1 Die Quinoa in einem Sieb unter fließendem Wasser gründlich abspülen. Die Quinoa mit 160 g Wasser und 1 Prise Salz im Mixtopf 15 Minuten/95 °C/Rührstufe kochen.

2 Inzwischen die Himbeeren verlesen, waschen und trocken tupfen. Die Grapefruit so großzügig schälen, dass auch die weiße Haut mit entfernt wird. Das Fruchtfleisch in Scheiben schneiden und die Scheiben vierteln.

3 Die Quinoa auf Schalen verteilen. Den Kefir darübergießen und die Bowl mit den Himbeeren und den Grapefruitvierteln belegen. Das Leinöl darüberträufeln. Die Minze waschen, trocken schütteln, die Blätter klein zupfen und darüberstreuen.

NÄHRWERTE PRO PORTION

8 g Eiweiß • 10 g Fett
29 g Kohlenhydrate

# HEIDELBEER-PASSIONSFRUCHT-
# *Bowl*

Heidelbeeren sorgen in der Nordic Diet für ein langes Leben und eine gute Figur. Tun sie aber auch hierzulande. Besonders in verbundener Gemeinschaft mit Erdmandelflocken, Leinsamen und Quark.

ZUTATEN FÜR 2 PERSONEN

120 g Heidelbeeren
30 g Erdmandelflocken
40 g Kokosraspel
20 g Leinsamen
200 g Magerquark
1 Passionsfrucht
1 TL geschrotete Leinsamen

**ZUBEREITUNG: 5 MINUTEN + 10 MINUTEN RUHEN**

NÄHRWERTE PRO PORTION

14 g Eiweiß • 16 g Fett
11 g Kohlenhydrate

1 Die Heidelbeeren verlesen, waschen und trocken tupfen. Die Erdmandelflocken, die Kokosraspel und die Leinsamen im Mixtopf 10 Sekunden/Stufe 10 zerkleinern. Den Magerquark, 100 g Wasser und 80 g Heidelbeeren dazugeben und 25 Sekunden/Stufe 6 zerkleinern. Die Creme aus dem Mixtopf in zwei Schalen umfüllen. Beiseitestellen und 10 Minuten quellen lassen.

2 Die Passionsfrucht halbieren und das Fruchtmark mit einem Teelöffel herauskratzen. Das Passionsfruchtmark mit den übrigen Heidelbeeren auf der Creme verteilen und die geschroteten Leinsamen darüberstreuen.

Tipp
Vegan wird's mit Kokos- oder Sojajoghurt. Kaufen Sie am besten ganzen Leinsamen und mahlen oder schroten Sie ihn nach Bedarf. Das schont die Inhaltsstoffe.

# MANDEL-PANCAKES MIT Aroniabeeren

Seit es die verschiedenen Nuss- und Kernmehle gibt, kann man wunderbar in Kindheitserinnerungen schwelgen. Wie in Pfannkuchen. Glyx-niedrig und eiweißreich. Die getrockneten Aroniabeeren würzen das ganze Jahr mit viel Gesundheit und wenig Zucker.

ZUTATEN FÜR 2 PERSONEN

100 g Mandeln
2 Eier
20 g Süßlupinenmehl
50 g Mandelmilch (oder Wasser)
1 Msp. Weinstein-Backpulver
Salz
20 g Butter
20 g getrocknete Aroniabeeren

**ZUBEREITUNG: 10 MINUTEN**

NÄHRWERTE PRO PORTION

22 g Eiweiß • 42 g Fett
9 g Kohlenhydrate

1 Die Mandeln im Mixtopf 10 Sekunden/Stufe 10 fein mahlen. Die Eier, das Süßlupinenmehl, die Mandelmilch, das Backpulver und 1 Prise Salz dazugeben und 10 Sekunden/Stufe 4 unterrühren.

2 Etwas Butter in einer Pfanne zerlassen. Etwas Teig in die Pfanne gießen und die Hälfte der Aroniabeeren auf den flüssigen Teig streuen. Den Mandel-Pancake von beiden Seiten goldgelb backen. Den zweiten Pancake auf die gleiche Weise zubereiten.

### Tipp

Für Aroniatee 1 EL getrocknete Aroniabeeren im Mixtopf 3 Sekunden/Stufe 8 zerkleinern. Mit 3 Minzeblättern in ein Teesieb geben, mit heißem Wasser aufgießen und 5 Minuten ziehen lassen.

# Quick-Start-Quark

Weniger kann Gesundheit gar nicht kosten: 2 Minuten und die ideale Kombi Quark-Lupinen-Protein, Birnen-Zucker und Hanfsamen-Fettsäuren sorgt für gute Energie im Kopf und im Körper.

ZUTATEN FÜR 2 PERSONEN

1 kleine Birne (ca. 120 g)
300 g Magerquark
15 g Leinsamen (ganz oder geschrotet)
5 Blätter Minze
20 g Süßlupinenmehl
10 g frisch gepresster Zitronensaft
je 2 TL Hanfsamen und Kakaonibs

ZUBEREITUNG: 2 MINUTEN

NÄHRWERTE PRO PORTION

22 g Eiweiß • 6 g Fett
15 g Kohlenhydrate

1 Die Birne waschen und vierteln, nach Belieben das Kerngehäuse entfernen. Das Birnenfruchtfleisch in Stücke schneiden und mit dem Magerquark, dem Leinsamen, der Minze, dem Süßlupinenmehl und dem Zitronensaft im Mixtopf 20 Sekunden/Stufe 6 zerkleinern.

2 Den Quick-Start-Quark in eine Schüssel füllen und mit Hanfsamen und Kakaonibs bestreuen.

*Tipp*

Wer es lieber herzhaft mag, ersetzt die Birne durch 6 halbierte Radieschen, nimmt 2 EL Schnittlauch statt der Minze und keine Kakaonibs, dafür aber gehackte Walnusskerne.

# Kräuteromelett

ZUTATEN FÜR 2 PERSONEN

25 g Kräuter (z.B. Petersilie, Schnittlauch, Sauerampfer, Giersch, junger Löwenzahn)
1 Knoblauchzehe
5 Eier
Salz
Pfeffer aus der Mühle
1 Msp. Chiliflocken

**ZUBEREITUNG: 18 MINUTEN**

1 Ein Backpapier auf Größe des Varoma-Einlegebodens zurechtschneiden und hineinlegen, dabei darauf achten, dass die Dampfschlitze am oberen Rand frei bleiben. Den Einlegeboden in den Varoma-Behälter setzen.

2 Die Kräuter waschen und trocken schütteln, je nach Sorte Blätter und Nadeln abzupfen. Den Knoblauch schälen und mit den Kräutern im Mixtopf 2 Sekunden/Stufe 6 zerkleinern. Die Mischung mit dem Spatel nach unten schieben. Die Eier, 1 Prise Salz, 1 Prise Pfeffer und die Chiliflocken mit in den Mixtopf geben und 15 Sekunden/Stufe 4 untermischen. Die Omelett-Masse auf dem Varoma-Einlegeboden verteilen.

3 Den Mixtopf spülen und 400 g Wasser in den Mixtopf einwiegen. Den Varoma-Behälter mit der Omelett-Masse vorsichtig aufsetzen und das Omelett darin 15 Minuten/Varoma/Stufe 1 garen. Den Varoma-Behälter absetzen, das Kräuteromelett halbieren und noch warm servieren.

NÄHRWERTE PRO PORTION

19 g Eiweiß • 14 g Fett
3 g Kohlenhydrate

# Hüttenkäse-Ei-Muffins

ZUTATEN FÜR 6 STÜCK
4 Eier
100 g Hüttenkäse
20 g Dinkelflocken
1 EL gehackte Petersilie
Salz
Pfeffer aus der Mühle
1 Msp. Chiliflocken

**ZUBEREITUNG: 15 MINUTEN**

1 Die Eier, den Hüttenkäse, die Dinkelflocken, die Petersilie, 2 Prisen Salz, 1 Prise Pfeffer und die Chiliflocken im Mixtopf 10 Sekunden/Linkslauf/Stufe 4 mischen.

2 Sechs Silikon-Muffinförmchen in den Varoma-Behälter setzen und den Teig in die Muffinförmchen füllen. Den Mixtopf spülen und 400 g Wasser in den Mixtopf einwiegen.

3 Den Varoma-Behälter mit Deckel aufsetzen und die Hüttenkäse-Ei-Muffins 11 Minuten/Varoma/Stufe 1 garen.

NÄHRWERTE PRO PORTION
22 g Eiweiß • 13 g Fett
9 g Kohlenhydrate

# LACHS-
# Amaranth-Rollen

ZUTATEN FÜR 2 PERSONEN

70 g Amaranth
1 Knoblauchzehe
20 g Tomatenmark
½ TL Korianderkörner
20 g Olivenöl
200 g Lachsfilet (ohne Haut)
1 EL Tamari (glutenfreie Sojasauce)
1 Römersalat (ca. 8 Blätter)

ZUBEREITUNG: 20 MINUTEN

1 Den Amaranth in einem Sieb unter fließendem Wasser abspülen. Den Amaranth mit 100 g Wasser im Mixtopf 8 Minuten/100 °C/Linkslauf/Stufe 1 garen.

2 Den Knoblauch schälen und mit Tomatenmark, Koriander und Olivenöl mit in den Mixtopf geben. Erst 5 Sekunden/Stufe 6 zerkleinern, dann 7 Minuten/120°C/Linkslauf/Stufe 1 dünsten. Die Mischung umfüllen und beiseitestellen.

3 Den Lachs waschen, trocken tupfen und im ungespülten Mixtopf 2 bis 3 Mal 0,5 Sekunde/Turbo zerkleinern, bis er die gewünschte Stückigkeit erreicht hat. Die Amaranthmischung und Tamari dazugeben und mithilfe des Spatels unter den Lachs mischen.

4 Die Salatblätter waschen, trocken tupfen und auf der Arbeitsfläche auslegen. Die Lachs-Amaranth-Mischung gleichmäßig darauf verteilen und von der Längsseite her aufrollen. Die Röllchen mit Zahnstochern feststecken.

NÄHRWERTE PRO PORTION

27 g Eiweiß • 24 g Fett
23 g Kohlenhydrate

# GLYX-MIX-
# Frischkäse

ZUTATEN FÜR CA. 300 G
10 g Parmesan
10 g Kräuter (z.B. Petersilie, Schnittlauch, Basilikum, Rosmarin, Thymian)
250 g Magerquark
10 g frisch gepresster Zitronensaft
30 g mildes Olivenöl
Salz
Pfeffer aus der Mühle
5 g Leinöl

ZUBEREITUNG: 5 MINUTEN

1 Den Parmesan im Mixtopf 20 Sekunden/Stufe 10 mahlen. Die Kräuter waschen, trocken schütteln und je nach Sorte die Blättchen bzw. Nadeln abzupfen.

2 Magerquark, Kräuter, Zitronensaft, Olivenöl und je 1 Prise Salz und Pfeffer zum Parmesan in den Mixtopf geben und 1 Minute/Stufe 4 aufschlagen. Das Leinöl hinzufügen und mit dem Spatel unterrühren.

3 Den Frischkäse aus dem Mixtopf in ein sauberes Schraubglas umfüllen und kühl stellen. Im Kühlschrank hält er sich 3 bis 4 Tage.

NÄHRWERTE PRO PORTION (À 50 G)
5 g Eiweiß • 7 g Fett
2 g Kohlenhydrate

# FRÜHSTÜCKS-
# *Nuss-Mus*

Wer viele Nüsse isst, der ist klug! Sie kümmern sich mit B-Vitaminen, Magnesium, essenziellen Fetten um unser Gehirn. Nein, sie machen nicht dick. Tun sie wirklich nicht. Nein, wirklich nicht.

ZUTATEN FÜR 500 G

200 g Haselnusskerne
200 g Walnusskerne
100 g Erdmandelflocken
2 getrocknete Aprikosen
25 g Leinsamen

ZUBEREITUNG: 10 MINUTEN

1 Den Backofen auf 200 °C vorheizen. Die Hasel- und Walnüsse auf einem Backblech verteilen und 3 bis 5 Minuten unter Aufsicht im Ofen rösten. Auf ein sauberes Küchentuch geben und kurz abkühlen lassen.

2 Die beiden Nusssorten im Mixtopf mit Erdmandelflocken, Aprikosen und Leinsamen 30 Sekunden/Stufe 10 zerkleinern. Die Mischung mit dem Spatel nach unten schieben und weitere 30 Sekunden/Stufe 7 zerkleinern. Dann etwa 3 bis 4 Mal jeweils 10 Sekunden/Stufe 7 mixen und die Masse nach jedem Mal mit dem Spatel nach unten schieben, bis das Nuss-Mus eine fein-cremige Konsistenz hat.

3 Das Frühstücks-Nuss-Mus in ein sauberes Schraubglas umfüllen und im Kühlschrank aufbewahren. Innerhalb von 2 Wochen verbrauchen.

NÄHRWERTE PRO PORTION (À 25 G)

4 g Eiweiß • 14 g Fett
4 g Kohlenhydrate

# ZITRUS-
# Fruchtaufstrich

Sauer, bitter und ein wenig süß, das kitzelt die
Geschmacksnerven morgens ordentlich!

ZUTATEN FÜR 600 G/
2 GLÄSER À 300 G

200 g Bio-Zitrusfrüchte (Zitronen, Orangen oder Grapefruits)
400 g frisch gepresster Grapefruitsaft
2 g Agar Agar
20 g Kokosblütensirup

ZUBEREITUNG: 15 MINUTEN

1 Die Zitrusfrüchte waschen, trocken reiben und in 2 × 2 cm große Stücke schneiden. Das Obst im Mixtopf 7 Sekunden/Stufe 6 zerkleinern. Die Mischung mit dem Spatel nach unten schieben und weitere 7 Sekunden/Stufe 6 pürieren.

2 Den Grapefruitsaft und das Agar Agar mit in den Mixtopf geben und 5 Sekunden/Stufe 4 unterrühren. Die Zitrusmischung 5 Minuten/98 °C/Stufe 1 aufkochen. Sobald die Temperaturanzeige 98 °C anzeigt, eine Restlaufzeit von 2 Minuten einstellen und ablaufen lassen. Den Kokosblütensirup hinzufügen und 3 Sekunden/Stufe 3 untermischen.

3 Den Fruchtaufstrich in saubere Schraubgläser umfüllen, fest verschließen und 10 Minuten kopfüber abkühlen lassen. Kühl aufbewahren und nach Anbruch möglichst bald verbrauchen.

NÄHRWERTE PRO PORTION (À 25 G)

0,2 g Eiweiß • 0 g Fett
2 g Kohlenhydrate

# LEBENSRETTER-Smoothie

Wie wäre es, wenn man schon morgens dem Körper die Hälfte an Vitalstoffen gibt, die er braucht? Grandios wäre das. Macht zufrieden und stoppt die Lust auf Ungesundes.

ZUTATEN FÜR 2 PERSONEN

100 g Heidelbeeren
(frisch oder tiefgekühlt)
100 g Apfel
50 g Grünkohl
2 große EL Sauerkraut
1 EL frisch gekeimtes Bio-Saatgut
(z.B. Linsen, Kohlrabi oder Brokkoli)
1 EL Petersilie
1 getrocknete Dattel
1 EL Leinsaat
1 Paranuss
1 Kakaobohne (oder 4–5 Kakaonibs)
¼ TL Zimtpulver
1 Prise Cayennepfeffer

**ZUBEREITUNG: 3 MINUTEN**

NÄHRWERTE PRO PORTION

2 g Eiweiß • 2 g Fett
12 g Kohlenhydrate

1 Frische Heidelbeeren verlesen und waschen. Tiefgekühlte Heidelbeeren auftauen lassen. Den Apfel waschen und vierteln, dabei nach Belieben das Kerngehäuse entfernen.

2 Alle Zutaten im Mixtopf 10 Sekunden/Stufe 6 zerkleinern. In den Mixtopf 250 g Wasser einwiegen und den Lebensretter-Smoothie 1 Minute 30 Sekunden/Stufe 10 fein pürieren.

# FATBURNER-Smoothie

Das Schönste an meinem Fatburner-Smoothie ist, dass er mich seit Jahrzehnten begleitet. Und immer anders schmeckt. Nur eines tut er immer gleich: die Fettzellen ärgern.

ZUTATEN FÜR 1 PERSON

150 g Gurke
100 g Erdbeeren
¼ Bio-Zitrone
250 g Kefir (gekühlt)
1 Msp. Cayennepfeffer
½ TL gemahlene Kurkuma
2 TL Leinöl
1 EL Süßlupinenmehl

ZUBEREITUNG: 3 MINUTEN

NÄHRWERTE PRO PORTION

6 g Eiweiß • 16 g Fett
11 g Kohlenhydrate

1. Die Gurke waschen und in Stücke schneiden. Die Erdbeeren waschen, putzen und halbieren. Die Zitrone waschen, vierteln und mit Gurken- und Erdbeerstücken im Mixtopf 10 Sekunden/Stufe 6 zerkleinern.

2. Kefir, Cayennepfeffer, Kurkuma, Leinöl und Süßlupinenmehl mit in den Mixtopf geben und alles 1 Minute/Stufe 10 fein pürieren. Den Fatburner-Smoothie sofort servieren.

*Tipp*

Für eine Extra-Portion Eiweiß mixen Sie zusätzlich pro Person 1 EL basisches Erbseneiweißpulver unter (siehe S. 126).

# Glyx auf Rezept

Glyx schenkt Energie und Lebensfreude, bekämpft schwelende Entzündungen, lindert Allergien, beugt Diabetes vor, bremst das Altern. Und das Anhäufen von Energiedepots auf der Hüfte stoppt's natürlich auch. Ganz nebenbei. Glyxen verschreibt der Doktor. Warum? Glyx ist ...

## DIE ANTWORT AUF INSULINRESISTENZ, DER SCHUTZ VOR DIABETES

Gestern kam folgende E-Mail mit „Dankeschön" im Betreff: Hallo, Ende April bekam ich die Diagnose Diabetes. Viermal am Tag Insulin spritzen ...! Durch den Tipp meines Betriebsarztes, dass ich auf den glykämischen Index der Nahrungsmittel achten soll, bin ich auf Ihr Buch gestoßen. Dank Ihrer leichten und fröhlichen Schreibweise hat es richtigen Spaß gemacht, meine Essensgewohnheiten umzukrempeln. Ihre Glyx-Diät ist pures Glück für mich gewesen. Ich habe 26 Kilo abgenommen und brauche nun keine Medikamente mehr. Herzlichen Dank. C.F.

Eigentlich muss ich da nicht mehr dazu sagen. Glyx heißt: Insulinresistenz abbauen. Der Körper hört wieder auf die Botschaft. Runter von der Autobahn in den Diabetes – ohne Medis. Ohne Insulinspritzen. Schöner kann Heilen nicht sein. Sich selbst heilen! Mit dem, was auf dem Teller liegt. Und cleverer Bewegung. Zum Glyxen gehört für mich das Fatburner-Trampolin. Das ist genauso genial wie der Thermomix®.

## LECKERE DARM-MEDIZIN

Heute wissen wir, dass die Population im Darm für unsere Energie zuständig ist, für unser Gewicht und unsere Gesundheit. Zucker, Mehl, gehärtete Fette, zu viel rotes Fleisch killen gute Bakterien. Heute wissen wir auch, dass nicht nur Ballaststoffe und viel Gemüse die guten Darmbakterien vermehren lassen, sondern auch Eiweiß. Darum sollte man auf jedem Teller auch ein wenig Protein liegen haben. Genauso trägt Lebendes wie Fermentiertes und Vergorenes zur Erhaltung der guten Art bei. Glyx füttert also die guten Bakterien. Jeden Tag.

## ANTIINFLAMMATORISCH, GANZ LOGISCH

Was war in Übersee letztes Jahr das wichtigste Wort aus der Welt der Gesundheit? Yupp: Inflammation. Der Fokus lag auf „inflammation-fighting". Essen, das schwelende Entzündungen im Körper ausmerzt. Weil die nämlich für Depressionen sorgen, für Übergewicht, für Diabetes, für Alzheimer, für Herzinfarkt, für Rheuma, für Migräne, für Allergien, für Darmprobleme, für Hautprobleme ... Freue ich mich drüber, dass das zum Topthema wird. Antiinflammatorisch! Rede ich seit 15 Jahren drüber. Nix anderes als glyxen. Das essen, was Entzündungen (Inflammation) im Körper minimiert. Kaum Zucker und Weißmehl, keine gehärteten (Trans-)Fette, nur wenig und dann gutes rotes Fleisch. Gerne: Fisch, Geflügel, Wild. Viele pflanzliche gute Öle (Olive, Argan, Hanf, Walnuss). Sehr viel Gemüse, gerne fermentiert, Hülsenfrüchte, Kräuter, Nüsse, Samen. Viel Wasser. Keine Softdrinks. Ein Gläschen Wein und gute Kräutertees. Getreide, die alten Sorten in kleinen Portionen, immer wechseln: Dinkel, Kamut, Einkorn, Roggen, Hafer im Mix mit Urgräsern: Quinoa, Amaranth, Buchweizen, Teff, Naturreis, Wildreis. Auch gut: Butter oder Ghee, ein bisschen Kokosfett, Milchprodukte, Tofu und Co.

*»Wer glyxend seine Entzündungswerte runterbringt – und das tut man – nimmt ganz von alleine ab.«*

Lindert seine depressiven Verstimmungen, kriegt Energie, verändert all die Blutwerte, die der Doktor bemängelt. Von LDL-Cholesterin über Triglyceride zum Blutzucker. Yupp. Antiinflammatorisch ist überlebenswichtig. Schon mal drüber nachgedacht?

# Leicht, schnell & lecker

Klar, man will abnehmen. Ist aber viel unterwegs? Hat keine Zeit. Hungrige Mägen knurren laut ... Ein Dinner for Two steht an. Freunde fallen ein. Lust auf Deftiges oder Süßes steigt hoch. Seelenfutter ist nötig. Ja, es gibt viele Gründe für einen Glyx-Mix.

# GLYX-OBATZDA *mit Radi*

Eine angenehme bayerische Art, Kümmel unters Volk zu bringen – natürlich „light“.

ZUTATEN FÜR 10 PORTIONEN

100 g Limburger (20% Fett)
100 g Camembert (30% Fett)
100 g Magerquark
Pfeffer aus der Mühle
5 g ganzer Kümmel
½ TL Paprikapulver (edelsüß)
2 EL Schnittlauchröllchen
1 Rettich

ZUBEREITUNG: 5 MINUTEN

NÄHRWERTE PRO PORTION

6 g Eiweiß • 3 g Fett
3 g Kohlenhydrate

1 Die beiden Käsesorten in grobe Stück schneiden. Mit dem Magerquark, 2 Prisen Pfeffer, dem Kümmel und dem Paprikapulver im Mixtopf erst 10 Sekunden/Stufe 4 mischen, die Masse dann mit dem Spatel nach unten schieben und weitere 10 Sekunden/Stufe 4 zerkleinern. In eine Schüssel umfüllen und mit den Schnittlauchröllchen bestreuen.

2 Den Rettich waschen oder gegebenenfalls schälen, in feine Scheiben schneiden und zusammen mit dem Obatzden servieren.

# Möhren-Feta-„Crostini"

Diese Glücksstückchen im Büro und auf der Party bloß nicht aus den Augen lassen, sonst sind sie weg!

ZUTATEN FÜR CA. 10 PORTIONEN

4 Frühlingszwiebeln
150 g Feta (Schafskäse)
100 g Ziegenjoghurt
1 EL Zitronensaft
½ TL Salz
½ TL Pfeffer aus der Mühle
3–4 Möhren
2 EL Sonnenblumenkerne

ZUBEREITUNG: 5 MINUTEN

1 Die Frühlingszwiebeln putzen, waschen und in feine Ringe schneiden. Den Feta zerbröckeln. Beides mit dem Ziegenjoghurt, dem Zitronensaft, Salz und Pfeffer im Mixtopf 10 Sekunden/Stufe 4 zerkleinern. Die Masse mit dem Spatel nach unten schieben und weitere 20 Sekunden/Stufe 4 mischen.

2 Die Möhren putzen, schälen und in schräge, dünne Scheiben schneiden. Die Creme auf den Möhrenscheiben verteilen und mit den Sonnenblumenkernen bestreuen.

NÄHRWERTE PRO PORTION

4 g Eiweiß • 5 g Fett
2 g Kohlenhydrate

# Knoblauch-Garnelen

Die stehen seit meiner Mallorca-Auszeit auf der Liste der Schlank & Fit-Lieblingsrezepte.
Dazu das Protein-Samen-Brot von Seite 98.

ZUTATEN FÜR 4 PERSONEN

20 g Ingwer
½ Bund Petersilie
1 kleine rote Chilischote
3 Knoblauchzehen
500 g Garnelenschwänze (tiefgekühlt; aufgetaut)
20 g Olivenöl
Salz
Pfeffer aus der Mühle

**ZUBEREITUNG: 10 MINUTEN**

1 Den Ingwer schälen. Die Petersilie waschen, trocken schütteln und die Blättchen abzupfen. Die Chilischote längs halbieren, entkernen und in grobe Stücke schneiden. Den Knoblauch schälen. Ingwer, Petersilie, Chili und Knoblauch im Mixtopf 5 Sekunden / Stufe 7 zerkleinern.

2 Die aufgetauten Garnelenschwänze in einem Sieb waschen und abtropfen lassen. Mit dem Olivenöl zur Mischung in den Mixtopf geben und 7 Minuten / 100 °C / Linkslauf / Rührstufe garen.

3 Die Knoblauch-Garnelen auf einer Platte anrichten, mit Salz und Pfeffer würzen und nach Belieben mit einem Pesto aus dem Vorrat zum Dippen servieren.

NÄHRWERTE PRO PORTION

19 g Eiweiß • 6 g Fett
1 g Kohlenhydrate

# RAW ANTIPASTI-GEMÜSE
## mit Zitronendressing

ZUTATEN FÜR 2 PERSONEN

**Für das Zitronendressing:**
20 g Kräuter (z.B. Petersilie, Basilikum, Thymian, Rosmarin)
1 kleine Knoblauchzehe
100 g Zitronensaft
10 g Senf
10 g Honig
½ TL Salz
¼ TL Pfeffer aus der Mühle
50 g Walnussöl
150 g Olivenöl

**Für die Antipasti:**
je 1 grüne und rote Spitzpaprika
3 Mini-Gurken
1 Zwiebel
4 getrocknete Tomatenfilets (in Öl)
150 g Cocktailtomaten
25 g grüne Oliven (ohne Stein)

ZUBEREITUNG: 10 MINUTEN

NÄHRWERTE PRO PORTION (MIT DRESSING)

4 g Eiweiß • 25 g Fett
10 g Kohlenhydrate

1 Für das Dressing die Kräuter waschen, trocken schütteln und je nach Sorte Blättchen und Nadeln abzupfen. Mit den übrigen Zutaten für das Dressing – bis auf die Ölsorten – im Mixtopf 1 Minute/Stufe 6 zerkleinern und mischen. Die Mischung in ein Schraubglas umfüllen, beide Ölsorten dazugeben und das Glas verschließen. Im Kühlschrank hält sich das Dressing etwa 2 bis 3 Tage. (Vor der Verwendung das verschlossene Schraubglas kräftig schütteln und pro Portion 2 EL Dressing, etwa 25 ml, verwenden.)

2 Für die Antipasti die Paprikaschoten längs halbieren, entkernen und waschen. Die Gurken waschen. Das Gemüse in 1 cm dicke Scheiben schneiden. Die Zwiebel schälen und in feine Ringe schneiden. Die getrockneten Tomaten in Streifen schneiden. Die Cocktailtomaten waschen und halbieren.

3 Das Gemüse mit den getrockneten Tomaten, Zwiebelringen und den Oliven auf einer großen Platte verteilen. Mit 4 EL Zitronendressing beträufelt servieren.

# Spargeleintopf

ZUTATEN FÜR 2 PERSONEN
250 g grüner Spargel
250 g weißer Spargel
400 g Gemüsebrühe
1 Bund Kräuter für Frankfurter Grüne Sauce (Borretsch, Kerbel, Kresse, Petersilie, Pimpinelle, Sauerampfer, Schnittlauch)
½ TL Salz
½ TL Pfeffer aus der Mühle
250 g Cocktailtomaten

**ZUBEREITUNG: 25 MINUTEN**

NÄHRWERTE PRO PORTION
8 g Eiweiß • 5 g Fett
11 g Kohlenhydrate

1 Den grünen Spargel waschen und im unteren Drittel schälen. Den weißen Spargel komplett schälen. Von beiden Sorten die holzigen Enden abschneiden. Den Spargel in etwa 3 cm lange Stücke schneiden. Die Gemüsebrühe in den Mixtopf geben und den Varoma-Behälter aufsetzen. Beide Spargelsorten in den Varoma-Behälter legen – dabei darauf achten, dass einige Dampfschlitze frei bleiben – und den Deckel aufsetzen. Den Spargel darin 20 Minuten/Varoma/Stufe 1 garen. Den Varoma-Behälter absetzen und beiseitestellen.

2 Die Kräuter waschen, trocken schütteln und je nach Sorte die Blättchen abzupfen, einige Blättchen zum Bestreuen beiseitelegen. Die Kräuter zur Gemüsebrühe in den Mixtopf geben und mit Salz und Pfeffer würzen. Die Kräuterbrühe 1 Minute/Stufe 6 bis 8 ansteigend pürieren.

3 Die Cocktailtomaten waschen und halbieren. Den Spargel aus dem Varoma nehmen, mit den Tomaten in den Mixtopf geben und 1 Minute/80 °C/Linkslauf/Rührstufe garen.

4 Den Spargeleintopf mit den übrigen Kräuterblättchen garniert servieren.

# BROKKOLI-WALNUSS-Suppe

ZUTATEN FÜR 4 PERSONEN

50 g Walnusskerne
500 g Brokkoli
5 g frisch gepresster Zitronensaft
10 g Honig
½ TL Salz
½ TL Pfeffer aus der Mühle

**ZUBEREITUNG: 18 MINUTEN + 2 STUNDEN EINWEICHZEIT**

1 Die Walnusskerne in einer Schüssel mit Wasser bedecken und 2 Stunden ziehen lassen.

2 Den Brokkoli putzen, waschen und in Röschen teilen. Die Walnusskerne in ein Sieb abgießen und mit dem Brokkoli, dem Zitronensaft, dem Honig, dem Salz und dem Pfeffer im Mixtopf 6 Sekunden/Stufe 5 zerkleinern. Die Mischung mit dem Spatel nach unten schieben und weitere 5 Sekunden/Stufe 7 pürieren.

3 Von der Brokkoli-Mischung 4 EL abnehmen und beiseitestellen. In den Mixtopf 300 g Wasser einwiegen und die Suppe 12 Minuten/100 °C/Stufe 2 garen.

4 Die Brokkoli-Walnuss-Suppe 1 Minute/Stufe 6 bis 8 ansteigend pürieren, dann auf vier Teller verteilen und mit je 1 EL rohem Brokkoli-Walnuss-Mus servieren.

NÄHRWERTE PRO PORTION

7 g Eiweiß • 8 g Fett
6 g Kohlenhydrate

# PAPRIKA-BUTTERMILCH-
# Gazpacho

ZUTATEN FÜR 2 PERSONEN

400 g rote Paprikaschoten
20 g Ingwer
500 g Buttermilch
½ TL Salz
½ TL Pfeffer aus der Mühle
Paprikapulver
Olivenöl

ZUBEREITUNG: 5 MINUTEN

1 Die Paprikaschoten längs halbieren, entkernen, waschen und das Fruchtfleisch in Stücke schneiden. Den Ingwer schälen und klein schneiden. Paprika und Ingwer im Mixtopf mithilfe des Spatels 10 Sekunden/Stufe 6 zerkleinern.

2 Die Buttermilch, das Salz und den Pfeffer dazugeben und die Mischung erst 1 Minute/Stufe 5 bis 8 ansteigend pürieren, dann 1 Minute/Stufe 10 fein pürieren.

3 Die Gazpacho kalt, mit etwas Paprikapulver und frisch gemahlenem Pfeffer bestreut und mit einigen Tropfen Olivenöl beträufelt, servieren.

NÄHRWERTE PRO PORTION

11 g Eiweiß • 2 g Fett
15 g Kohlenhydrate

# SANDWICHES
## *to go*

Brot macht dick? So nicht. 3 hoch 3 Möglichkeiten schicken uns mit Leichtigkeit in den siebten Genusshimmel

Wählen Sie aus jeder Kategorie nach Ihrem Geschmack aus: 2 Scheiben Brot, 1 Linsenwrap oder 1 Bagel. Bestreichen Sie diese mit 1–2 EL Creme/Sauce/Aufstrich und belegen Sie sie mit reichlich Salatblättern und einem Eiweiß-Topping. Nur noch in Butterbrotpapier wickeln oder in eine Brotdose packen und los!

### EIWEISS-TOPPING

2 EL zerbröckelter Feta,
1 gekochtes Ei (in Scheiben),
50 g geräuchertes Forellenfilet,
2 Scheiben Puten- oder Lachsschinken

### SALAT

Radicchio,
Kopfsalat, Römersalat,
Lollo rosso bianco,
Rucola, ...

## BROT

Protein-Samen-Brot,
Linsenwraps und Bagels
(siehe „Glyx-Mix aus dem Vorrat“)

## AUFSTRICH

Misocreme, Tahin-Chili-Sauce und
Kürbiskern-Kräuter-Pesto
(siehe „Glyx-Mix aus dem Vorrat“)

# FIT-FÜHL-SALAT *mit Ei*

Viel zu lang hat man sich vor Eiern gefürchtet. Heute weiß man: Ein gesunder Mensch darf sich von drei Eiern täglich mit Protein und Vitamin D verschlanken lassen. Ideal: auf dem Fit-Fühl-Salat.

ZUTATEN FÜR 2 PERSONEN

100 g säuerlicher Apfel (z.B. Braeburn)
300 g Weißkohl
50 g Rucola
20 g Walnussöl
10 g frisch gepresster Zitronensaft
½ TL Salz
½ TL Pfeffer aus der Mühle
1 EL Braunhirsemehl
2 hart gekochte Eier
2 Paranusskerne
1 Schälchen Gartenkresse

**ZUBEREITUNG: 5 MINUTEN**

NÄHRWERTE PRO PORTION

11 g Eiweiß • 17 g Fett
17 g Kohlenhydrate

1. Den Apfel waschen, vierteln und das Kerngehäuse entfernen. Kohl und Apfel in Stücke schneiden. Den Rucola verlesen, waschen und trocken schütteln.

2. Weißkohl, Apfel und Rucola mit Walnussöl, Zitronensaft, Salz, Pfeffer und Braunhirsemehl im Mixtopf mithilfe des Spatels 4 Sekunden/Stufe 5 zerkleinern.

3. Die Eier in Viertel schneiden. Die Paranusskerne grob hacken. Die Kresse vom Beet abschneiden, waschen, trocken tupfen und mit den Nüssen über den Salat streuen. Den Fit-Fühl-Salat mit den Eivierteln belegt servieren.

*Tipp*

Für eine vegane Variante die Eier durch Tofu oder Tempeh ersetzen.

# ROTKOHLSALAT MIT FETA *und Granatapfel*

Die Trilogie der Hundertjährigen: Rotkohl, Ziegenmilch, Granatapfel. Polyphenole, Anthocyane, Ubichinon ... lecker! Und was Rohkost herstellen betrifft, ist der Glücks-Mixer unschlagbar.

ZUTATEN FÜR 2 PERSONEN

400 g Rotkohl
25 g Apfelessig
½ TL Salz
Pfeffer aus der Mühle
5 g helle Sesamsamen
10 g Walnussöl
½ Granatapfel
2 getrocknete Datteln (ohne Stein)
50 g Feta (Schafs- oder Ziegenkäse)
3 EL Petersilie

**ZUBEREITUNG: 5 MINUTEN**

NÄHRWERTE PRO PORTION

8 g Eiweiß • 12 g Fett
17 g Kohlenhydrate

1 Den Rotkohl in etwa 5 cm große Stücke schneiden und mit Essig, Salz, 2 Prisen Pfeffer, Sesam und Walnussöl im Mixtopf mithilfe des Spatels 5 Sekunden/Stufe 5 zerkleinern. Den Salat aus dem Mixtopf in eine Schüssel umfüllen und beiseitestellen.

2 Die Granatapfelkerne aus der Schale lösen. Dafür den Granatapfel mit den Kernen nach unten in der hohlen Hand halten und mit einem Kochlöffel auf die Schale klopfen. Dadurch fallen die Kerne in die Hand. Die Datteln in Ringe schneiden. Den Feta zerbröckeln. Die Petersilie waschen, trocken schütteln und die Blättchen fein hacken.

3 Den Salat auf Tellern anrichten und mit der Petersilie, den Granatapfelkernen, den Datteln und dem Feta bestreuen.

# Salate to go

Unterwegs sein – und abnehmen. Klar. Da mixt man sich einen Salat to go in ein großes Glas – aus folgenden Big Five ...

Putzen, waschen und schälen Sie Gemüse nach Belieben. Schneiden Sie das Gemüse in 2 cm große Stücke, geben Sie maximal 250 g in den Mixtopf und zerkleinern Sie es 3 Sekunden / Stufe 5. Mit Kohlenhydrat-, Eiweiß-, Dressing- und Toppingportionen nacheinander in ein Schraubglas schichten, gut verschließen und mitnehmen.

### EIWEISS

(pro Portion 50 g):
geräucherte Forelle oder Lachs,
gekochtes Ei,
gekochter Schinken,
Feta

## GEMÜSE

(pro Portion 200 g):
Kohl, Rettich, Brokkoli, Blumenkohl, Gurke, Paprika, Möhre, ...

## KOHLENHYDRATE

(pro Portion 25 g roh):
Buchweizen, Amaranth, Quinoa

## TOPPING

(pro Portion 1 EL):
Hanfsamen, gehackte Nüsse, Sprossen, gekeimtes Bio-Saatgut

## DRESSING

(pro Portion 2–3 EL):
Buttermilch-, Kräuter-, Currydressing (siehe „Glyx-Mix aus dem Vorrat“)

# SÜSSLUPINEN-GESCHNETZELTES *mit Pilzen*

Die Süßlupine – unser heimisches Soja – ist eine hervorragende Eiweißquelle. Natürlich darf man hier Sahne verwenden. Denn das Protein-Gericht hat kaum Kohlenhydrate.

ZUTATEN FÜR 2 PERSONEN

1 Zwiebel
1 Knoblauchzehe
10 g Olivenöl
300 g gemischte Pilze (nach Saison)
250 g Süßlupinenfilet
100 g Gemüsebrühe (siehe S. 115)
50 g Sahne
½ TL Salz
Pfeffer aus der Mühle
2 EL Schnittlauchröllchen

**ZUBEREITUNG: 15 MINUTEN**

NÄHRWERTE PRO PORTION

35 g Eiweiß • 35 g Fett
10 g Kohlenhydrate

1 Die Zwiebel schälen und halbieren, den Knoblauch schälen und beides im Mixtopf 3 Sekunden/Stufe 5 zerkleinern. Die Mischung mit dem Spatel nach unten schieben. Das Olivenöl dazugeben und Zwiebel und Knoblauch darin 3 Minuten/120°C/Stufe 1 andünsten.

2 Die Pilze putzen und, falls nötig, mit Küchenpapier trocken abreiben. Die Pilze je nach Größe halbieren oder vierteln, mit in den Mixtopf geben und 3 Minuten/120°C/Linkslauf/Stufe 2 dünsten.

3 Das Süßlupinenfilet in 2 cm große Stücke schneiden und mit der Gemüsebrühe und der Sahne hinzufügen. Das Geschnetzelte mit Salz und 2 Prisen Pfeffer würzen und 5 Minuten/100°C/Linkslauf/Rührstufe kochen. Auf Teller verteilen und mit Schnittlauch bestreut servieren.

### Tipp

Dazu einen Salat mit einem Dressing aus dem Vorrat servieren und am besten noch mit 2 EL gekochten Linsen bestreuen. Vegan wird's mit veganem Sahne-Ersatz.

# BUNTES LINSEN-GEMÜSE-DAL MIT Tofu-„Croûtons"

ZUTATEN FÜR 4 PERSONEN

200 g Brokkoli
200 g Weißkohl
100 g Möhren
1 TL Kreuzkümmel
1 TL Korianderkörner
1 Zwiebel
2 Knoblauchzehen
10 g Olivenöl
200 g gelbe Linsen (getrocknet)
500 g Gemüsebrühe (siehe S. 115)
ca. 1 TL Salz
ca. ¼ TL Pfeffer aus der Mühle
1 Bund Petersilie (oder Koriander)
100 g Tofu
1 EL Olivenöl
½ Zitrone

**ZUBEREITUNG: 30 MINUTEN**

NÄHRWERTE PRO PORTION

20 g Eiweiß • 9 g Fett
30 g Kohlenhydrate

1 Den Brokkoli putzen, waschen und in Röschen teilen. Den Weißkohl in grobe Stücke schneiden. Die Möhren putzen, waschen und grob zerkleinern. Alle Gemüse im Mixtopf mithilfe des Spatels 4 Sekunden/Stufe 5 zerkleinern und die Mischung in eine Schüssel umfüllen. Den Mixtopf spülen und trocknen.

2 Den Kreuzkümmel und die Korianderkörner im Mixtopf 10 Sekunden/Stufe 10 zerkleinern. Die Zwiebel schälen und halbieren, den Knoblauch schälen und beides im Mixtopf 3 Sekunden/Stufe 6 zerkleinern. Die Mischung mit dem Spatel nach unten schieben, das Olivenöl dazugeben und 3 Minuten/120 °C/Stufe 2 dünsten.

3 Die Linsen, die Gewürze und die Gemüsebrühe dazugeben und alles 12 Minuten/100 °C/Linkslauf/Rührstufe garen.

4 Das Gemüse, das Salz und den Pfeffer dazugeben und 8 Minuten/100 °C/Linkslauf/Rührstufe garen. Inzwischen die Petersilie waschen und trocken schütteln, die Blätter abzupfen und fein hacken.

5 Den Tofu in Würfel schneiden, in einer Pfanne im heißen Olivenöl goldbraun anbraten und mit Salz und Pfeffer würzen. Die Zitrone in Spalten schneiden. Das Gemüse-Dal mit den Tofu-„Croûtons" und den Kräutern bestreuen und mit den Zitronenspalten servieren.

# Hähnchentopf

ZUTATEN FÜR 4 PERSONEN

3 Zweige Thymian
1 Zwiebel
1 Knoblauchzehe
1 Msp. Chiliflocken
4 getrocknete Aprikosen
250 g Hokkaidokürbis
10 g Olivenöl
Salz
Pfeffer aus der Mühle
300 g Gemüsebrühe (siehe S. 115)
500 g Hähnchenbrustfilet
250 g Paprikaschote
1–2 EL frisch gepresster Zitronensaft
2 EL Schnittlauchröllchen

**ZUBEREITUNG: 20 MINUTEN**

NÄHRWERTE PRO PORTION

27 g Eiweiß • 6 g Fett
9 g Kohlenhydrate

1 Den Thymian waschen und trocken tupfen, die Blättchen abzupfen. Die Zwiebel und den Knoblauch schälen. Die Zwiebel halbieren und beides mit Chiliflocken, Thymian und Aprikosen im Mixtopf 5 Sekunden / Stufe 8 zerkleinern. Die Mischung mit dem Spatel nach unten schieben.

2 Den Kürbis waschen, vierteln und die Kerne mit einem Löffel entfernen. Die Kürbisviertel in 2 cm große Würfel schneiden. Das Olivenöl, die Kürbiswürfel, 1 TL Salz und ½ TL Pfeffer mit in den Mixtopf geben. Mit der Gemüsebrühe aufgießen und 8 Minuten / 100 °C / Linkslauf / Rührstufe garen.

3 Das Hähnchenbrustfilet waschen, trocken tupfen und in 2 cm große Würfel schneiden. Die Paprikaschote(n) halbieren, entkernen, waschen und in 2 cm große Würfel schneiden. Die Paprikawürfel und das Fleisch mit in den Mixtopf geben und 8 Minuten / 80 °C / Linkslauf / Rührstufe fertig garen.

4 Den Hähnchentopf mit Salz, Pfeffer und etwas Zitronensaft würzig abschmecken und mit den Schnittlauchröllchen bestreut servieren.

*Tipp*

Vegetarisch wird's mit Tofu statt Hähnchenfleisch.

# HÄHNCHENBOLOGNESE *mit Kohlrabinudeln*

ZUTATEN FÜR 4 PERSONEN

400 g Hähnchenbrustfilet
1 Möhre
1 Stange Lauch
1 Fenchelknolle
10 g Olivenöl und 1 EL zum Marinieren
2–3 Kohlrabi
Salz
400 g Strauchtomaten
40 g Tomatenmark
½ TL Pfeffer aus der Mühle
Cayennepfeffer
1 Bund Petersilie

**ZUBEREITUNG: 20 MINUTEN + 1 STUNDE GEFRIEREN**

NÄHRWERTE PRO PORTION

26 g Eiweiß • 6 g Fett
13 g Kohlenhydrate

1 Das Hähnchenbrustfilet waschen, trocken tupfen und in 1 cm große Würfel schneiden. Das Fleisch im Tiefkühlfach 1 Stunde anfrieren lassen. Das gefrorene Fleisch im Mixtopf 3 Sekunden/Stufe 6 zerkleinern. Die Hackfleischmischung herausnehmen und in eine Schüssel umfüllen.

2 Die Möhre putzen und schälen, den Lauch putzen und waschen, beides in grobe Stücke schneiden. Den Fenchel putzen, waschen und halbieren, den harten Strunk entfernen. Fenchel in grobe Stücke schneiden und mit dem übrigen Gemüse im Mixtopf 5 Sekunden/Stufe 5 zerkleinern. Die Mischung mit dem Spatel nach unten schieben, das Olivenöl dazugeben und 3 Minuten/120 °C/Stufe 2 andünsten. Inzwischen den Kohlrabi schälen und mit einem Spiralschneider in dünne Gemüsespaghetti schneiden. Mit 2 Prisen Salz und 1 EL Olivenöl marinieren und beiseitestellen.

3 Das Hähnchenhackfleisch mit in den Mixtopf geben und ohne Messbecher 10 Minuten/100 °C/Linkslauf/Stufe 2 garen. Die Tomaten waschen und halbieren, dabei die Stielansätze entfernen. Die Tomatenhälften mit Tomatenmark, 1 TL Salz, Pfeffer und 1 Prise Cayennepfeffer dazugeben und 3 Minuten/100 °C/Linkslauf/Stufe 3 mitgaren.

4 Die Petersilie waschen, trocken schütteln, die Blättchen abzupfen und hacken. Die Hähnchenbolognese mit den Kohlrabinudeln anrichten und die Petersilie darüberstreuen.

# AUBERGINEN-Amaranth-Burger

ZUTATEN FÜR 4 PERSONEN

500 g Hähnchenbrustfilet (in Würfeln)
50 g Amaranth
Salz
1 Zwiebel
1 Ei
1 TL Kreuzkümmel
1 TL Senf
½ TL Pfeffer aus der Mühle
1 Aubergine
3 EL Olivenöl
1 Fleisch- oder Ochsenherztomate
100 g Rucola
100 g Misocreme (siehe S. 110)

**ZUBEREITUNG: 30 MINUTEN + 1 STUNDE GEFRIEREN**

NÄHRWERTE PRO PORTION

33 g Eiweiß • 16 g Fett
12 g Kohlenhydrate

1 Das Hähnchenbrustfilet im Tiefkühlfach 1 Stunde anfrieren lassen. Den Amaranth gründlich abspülen und mit 150 g Wasser und ½ TL Salz im Mixtopf 15 Minuten/95 °C/Rührstufe garen. Den Amaranth umfüllen und abkühlen lassen, den Mixtopf säubern und kalt ausspülen.

2 Vom gefrorenen Fleisch 250 g im Mixtopf 3 Sekunden/Stufe 6 zerkleinern und unter den Amaranth mischen. Die Zwiebel schälen, halbieren und mit übrigem Fleisch, Ei, Kreuzkümmel und Senf im Mixtopf 3 Sekunden/Stufe 6 zerkleinern. Die Amaranthmischung dazugeben, mit 1 TL Salz und Pfeffer würzen und mithilfe des Spatels 15 Sekunden/Knetstufe untermischen. Aus der Hackfleischmasse mit angefeuchteten Händen 4 Burgerpattys formen.

3 Die Aubergine putzen, waschen und quer in 8 etwa 1 cm dicke Scheiben schneiden. Pattys und Auberginenscheiben im heißen Olivenöl nacheinander auf beiden Seiten etwa 5 Minuten braten. Die Tomate waschen, den Stielansatz entfernen und in 4 Scheiben schneiden. Den Rucola verlesen, waschen und trocken schütteln. Die Pattys jeweils auf 1 Auberginenscheibe legen, mit 1 Tomatenscheibe und Rucola belegen, mit Misocreme beträufeln und mit 1 Auberginenscheibe bedecken.

# RINDFLEISCH-TAJINE MIT SCHWARZEN *Oliven und Tomaten*

ZUTATEN FÜR 4 PERSONEN

1 Zwiebel
20 g Ingwer
1 Stange Lauch
1 TL Garam Masala
15 g Olivenöl
30 g Tomatenmark
500 g Rindfleisch (gut abgehangenes Roastbeef oder Hüfte)
ca. 1 TL Salz
ca. ½ TL Pfeffer aus der Mühle
300 g Tomaten
100 g schwarze Oliven (ohne Stein)
5 Stiele Petersilie
30 g Cashewkerne

**ZUBEREITUNG: 1 STUNDE**

NÄHRWERTE PRO PORTION

29 g Eiweiß • 16 g Fett
6 g Kohlenhydrate

1. Die Zwiebel und den Ingwer schälen, die Zwiebel halbieren. Den Lauch putzen, waschen und in grobe Stücke schneiden. Das Gemüse mit dem Garam Masala im Mixtopf 7 Sekunden/Stufe 5 zerkleinern. Die Mischung mit dem Spatel nach unten schieben. Das Olivenöl und das Tomatenmark dazugeben und 4 Minuten/120 °C/Linkslauf/Stufe 1 dünsten.

2. Das Fleisch in mundgerechte Stücke schneiden. In den Mixtopf 350 g Wasser einwiegen. Fleischstücke, Salz und Pfeffer hinzufügen und 20 Minuten/Varoma/Linkslauf/Rührstufe garen.

3. Die Tomaten waschen und halbieren, dabei die Stielansätze entfernen. Die Tomatenhälften mit den Oliven in den Mixtopf geben und 35 Minuten/Varoma/Linkslauf/Rührstufe garen.

4. Die Rindfleisch-Tajine mit Salz und Pfeffer abschmecken. Die Petersilie waschen, trocken tupfen und die Blätter abzupfen. Petersilie und Cashewkerne über die Rindfleisch-Tajine streuen und servieren.

# WEIDERIND-BEINSCHEIBE mit Gremolata

ZUTATEN FÜR 2–3 PERSONEN

**Für die Gremolata:**
1 Bio-Zitrone
1 Bund Petersilie
2 Knoblauchzehen
2 EL Olivenöl • Salz

**Für die Beinscheibe:**
2 Beinscheiben vom Weiderind
(ca. 800 g; mit Knochen)
2 EL Olivenöl
1 Bund Suppengemüse
je 3 Zweige Thymian und Rosmarin
30 g Tomatenmark
ca. 1 TL Salz
½ TL Pfeffer aus der Mühle
100 g trockener Rotwein

ZUBEREITUNG: CA. 2 STUNDEN

NÄHRWERTE PRO PORTION
55 g Eiweiß • 18 g Fett
8 g Kohlenhydrate

1 Für die Gremolata die Zitrone heiß waschen, trocken reiben und die Schale mit dem Sparschäler dünn abschälen. Die Petersilie waschen, trocken schütteln und die Blätter abzupfen. Den Knoblauch schälen. Die Zitronenschale, die Petersilienblätter und den Knoblauch im Mixtopf 3 Sekunden/Stufe 5 zerkleinern. Die Mischung mit dem Spatel nach unten schieben, weitere 3 Sekunden/Stufe 5 zerkleinern und in eine Schüssel umfüllen. Mit dem Olivenöl verrühren und mit 1 Prise Salz würzen.

2 Das Fleisch waschen und trocken tupfen, vom Knochen lösen und in mundgerechte Stücke schneiden. In einem Bräter das Olivenöl erhitzen und das Fleisch mit den Knochen darin rundum etwa 5 Minuten anbraten. Herausnehmen und beiseitestellen. Den Bratensatz mit 200 ml Wasser lösen.

3 Das Suppengemüse putzen, schälen und waschen. Die Kräuter waschen und trocken tupfen. Das Gemüse in grobe Stücke schneiden und im Mixtopf 5 Sekunden/Stufe 5 zerkleinern, mit dem Spatel nach unten schieben. Fleisch, Tomatenmark, Kräuterzweige, Salz und Pfeffer dazugeben und gelösten Bratensatz und den Rotwein angießen. Die Knochen in den Gareinsatz legen und einhängen. Die Beinscheiben 90 Minuten/Varoma/Linkslauf/Stufe 1 garen.

# SZEGEDINER TOPF
## *orientalisch*

ZUTATEN FÜR 4 PERSONEN

1 Zwiebel
1 Knoblauchzehe
1 EL Currypulver
15 g Olivenöl
400 g Lammfleisch (aus der Schulter oder Keule, ausgelöst)
500 g frisches Sauerkraut
300 g Gemüsebrühe (siehe S. 115)
½ TL Kreuzkümmel
1 TL Salz
½ TL Pfeffer aus der Mühle
½ Bund Koriander (ersatzweise Petersilie)

NÄHRWERTE PRO PORTION

23 g Eiweiß • 9 g Fett
2 g Kohlenhydrate

ZUBEREITUNG:
1 STUNDE 10 MINUTEN

1 Die Zwiebel und den Knoblauch schälen, die Zwiebel halbieren. Beides mit dem Currypulver im Mixtopf 3 Sekunden/Stufe 5 zerkleinern. Die Mischung mit dem Spatel nach unten schieben. Das Olivenöl dazugeben und 3 Minuten/120°C/Stufe 2 mitdünsten.

2 Das Lammfleisch in 1½ cm große Stücke schneiden. Das Sauerkraut, die Gemüsebrühe, den Kreuzkümmel, Salz und Pfeffer hinzufügen und 60 Minuten/100°C/Linkslauf/Stufe 1 garen.

3 Den Koriander waschen, trocken tupfen und die Blätter abzupfen. Den Szegediner Topf mit Salz und Pfeffer abschmecken und mit Koriander bestreut servieren.

## Tipp

Die Garzeit bei Fleischstücken zum Schmoren hängt davon ab, wie gut das Fleisch beim Metzger abgehangen wurde. Und natürlich, wie groß die Fleischstücke sind. Probieren Sie nach Ablauf der Garzeit das Fleisch und garen Sie es gegebenenfalls 5 bis 10 Minuten länger.

# WILDHACKBÄLLCHEN MIT *Kräuterhummus-Sauce*

ZUTATEN FÜR 2 PERSONEN

**Für die Wildhackbällchen:**
700 g Wildfleisch (z. B. Reh- oder Hirschkeule oder Oberschale)
1 Zwiebel • 1 Knoblauchzehe
1 Zweig Rosmarin
1 Ei • 1 TL Senf
1 TL Salz
½ TL Pfeffer aus der Mühle
2 EL Olivenöl zum Braten

**Für die Kräuterhummus-Sauce:**
200 g Kichererbsen (aus der Dose)
1 Bund gemischte Kräuter (ca. 25 g; z. B. Petersilie, Thymian, Koriander, Schnittlauch, Kerbel)
200 g Gemüsebrühe (siehe S. 115)
Saft von ½ Zitrone
15 g Olivenöl
½ TL Salz
¼ TL Pfeffer aus der Mühle
Cayennepfeffer

ZUBEREITUNG: 20 MINUTEN
+ 1 STUNDE GEFRIEREN

NÄHRWERTE PRO PORTION
41 g Eiweiß • 11 g Fett
8 g Kohlenhydrate

1 Für die Wildhackbällchen das Wildfleisch, wenn nötig, von Fett und Sehnen befreien und in 1 cm große Stücke schneiden. Das Fleisch im Tiefkühlfach 1 Stunde anfrieren lassen.

2 Das Wildfleisch aus dem Tiefkühlfach nehmen und 350 g davon im Mixtopf 4 Sekunden/Stufe 6 zerkleinern. Das Hackfleisch in eine Schüssel umfüllen. Das restliche Wildfleisch im Mixtopf 4 Sekunden/Stufe 6 zerkleinern und ebenfalls umfüllen. Den Mixtopf spülen und trocknen.

3 Die Zwiebel und den Knoblauch schälen, die Zwiebel halbieren. Den Rosmarin waschen, trocken tupfen und die Nadeln abzupfen. Zwiebel, Knoblauch und Rosmarin im Mixtopf 3 Sekunden/Stufe 5 zerkleinern. Die Mischung mit dem Spatel nach unten schieben. Hackfleisch mit Ei, Senf, Salz und Pfeffer im Mixtopf 30 Sekunden/Knetstufe mischen.

4 Aus der Hackfleischmasse mit angefeuchteten Händen 12 bis 16 Hackbällchen formen und in einer Pfanne im heißen Olivenöl rundum goldbraun braten.

5 Den Mixtopf spülen. Für den Kräuterhummus die Kichererbsen in ein Sieb abgießen, kalt abbrausen und abtropfen lassen. Die Kräuter waschen, trocken schleudern und die Blätter abzupfen. Kichererbsen, Gemüsebrühe, Kräuter, Zitronensaft, Olivenöl, Salz, Pfeffer und 2 Prisen Cayennepfeffer im Mixtopf 1 Minute/Stufe 10 fein pürieren. Die Wildhackbällchen mit der Kräuterhummus-Sauce servieren.

# GEMÜSE-EMMERSOTTO
## mit Lachsschaschlik

ZUTATEN FÜR 3–4 PERSONEN
100 g Emmerweizen
(oder Khorasan-Weizen)
1 Zwiebel
20 g Olivenöl
300 g Gemüsebrühe (siehe S. 115)
250 g Kohlrabi
250 g Fenchel
600 g Lachsfilet (ohne Haut)
6 Zweige Thymian
abgeriebene Schale von
½ Bio-Zitrone
20 g saure Sahne
1 TL Salz
¼ TL Pfeffer aus der Mühle
einige Basilikumblätter
50 g gehobelter Rotkohl

**ZUBEREITUNG: 45 MINUTEN
+ 24 STUNDEN EINWEICHEN**

NÄHRWERTE PRO PORTION
50 g Eiweiß • 32 g Fett
27 g Kohlenhydrate

1 Am Vortag den Emmerweizen in einer Schüssel mit Wasser bedecken und darin 24 Stunden einweichen. Den Emmer in ein Sieb abgießen, abspülen und abtropfen lassen.

2 Am Zubereitungstag die Zwiebel schälen, halbieren und im Mixtopf 3 Sekunden/Stufe 6 zerkleinern, mit dem Spatel nach unten schieben und in 10 g Olivenöl 2 Minuten/120°C/Stufe 2 andünsten. Emmer hinzufügen und 3 Minuten/120°C/Linkslauf/Rührstufe andünsten. Die Brühe einwiegen und alles 20 Minuten/100°C/Linkslauf/Rührstufe garen.

3 Inzwischen den Kohlrabi schälen und in 2 cm große Stücke schneiden. Den Fenchel putzen, waschen und halbieren, den harten Strunk entfernen. Den Fenchel in 1 cm breite Spalten schneiden. Das Gemüse im Varoma-Behälter verteilen, sodass noch einige Dampfschlitze frei bleiben.

4 Den Fisch waschen und trocken tupfen. In 2 cm große Würfel schneiden und auf 4 Holzspieße stecken. Den Thymian waschen, trocken tupfen und die Blätter abzupfen. Die Fischspieße mit Thymian, Zitronenschale und dem restlichen Olivenöl beträufelt 10 Minuten marinieren. Die Schaschliks in den Varoma-Einlegeboden legen, diesen einsetzen und verschließen. Varoma aufsetzen und 15 Minuten/98°C/Linkslauf/Rührstufe weitergaren. Varoma abnehmen und die Lachsschaschliks beiseitestellen.

5 Das Gemüse aus dem Varoma mit saurer Sahne, Salz und Pfeffer in den Mixtopf geben und 2 Minuten/100°C/Linkslauf/Stufe 1 mischen und garen. Emmersotto mit Basilikumblättern und Rotkohl bestreut mit den Schaschliks servieren.

# 15-Minuten-Fischsuppe

ZUTATEN FÜR 2–3 PERSONEN
1 Knoblauchzehe
20 g Ingwer
2 TL gemahlene Kurkuma
600 g grüner Spargel
20 g Olivenöl
20 g Tomatenmark
1 TL Salz
½ TL Pfeffer aus der Mühle
400 g weißes Fischfilet
(z.B. Heilbutt, Seelachs, Kabeljau)
1 kleines Bund Petersilie
Bio-Zitronenviertel zum Servieren

**ZUBEREITUNG: 15 MINUTEN**

NÄHRWERTE PRO PORTION
40 g Eiweiß • 12 g Fett
8 g Kohlenhydrate

1 Knoblauch und Ingwer schälen, in Stücke schneiden und mit der Kurkuma im Mixtopf 4 Sekunden/Stufe 5 zerkleinern. Die Mischung mit dem Spatel nach unten schieben.

2 Den Spargel waschen und im unteren Drittel schälen, die holzigen Enden abschneiden. Den Spargel schräg in 1 cm große Stücke schneiden. Das Olivenöl, das Tomatenmark, die Spargelstücke, Salz und Pfeffer mit in den Mixtopf geben und 3 Minuten/100°C/Linkslauf/Rührstufe andünsten. In den Mixtopf 600 g Wasser einwiegen und die Suppe 7 Minuten/100°C/Linkslauf/Rührstufe aufkochen.

3 Das Fischfilet waschen, trocken tupfen und in mundgerechte Stücke schneiden. Den Fisch mit in den Mixtopf geben und 1 Minute/80°C/Linkslauf/Rührstufe garen.

4 Inzwischen die Petersilie waschen, trocken schütteln und die Blätter abzupfen. Die Petersilie hacken und über die fertige Suppe streuen. Die Zitronenviertel dazu servieren.

**Tipp**

Vegan wird's mit 250 g in Stücke geschnittenem Süßlupinenfilet anstelle des Fischfilets.

# MAKRELENSTEAKS MIT RAW-Blumenkohl-Bulgur

ZUTATEN FÜR 2 PERSONEN

ca. 350 g Blumenkohl
1 Bund Petersilie
1 TL gemahlene Kurkuma
1 TL Salz
150 g Staudensellerie
10 g Ingwer
1 Knoblauchzehe
300 g rote Paprikaschote
10 g Olivenöl
Saft und Schale von ½ Bio-Zitrone
1 Msp. Cayennepfeffer
4 Makrelensteaks (à ca. 100 g)

**ZUBEREITUNG: 25 MINUTEN**

NÄHRWERTE PRO PORTION

47 g Eiweiß • 13 g Fett
11 g Kohlenhydrate

1 Den Blumenkohl putzen, waschen und in Röschen teilen. Die Petersilie waschen, trocken schütteln und die Blätter abzupfen. Blumenkohl, Petersilie, Kurkuma und ½ TL Salz im Mixtopf mithilfe des Spatels 6 Sekunden/Stufe 5 zerkleinern. Die Mischung in eine Schüssel füllen und den Mixtopf spülen.

2 Den Staudensellerie waschen und grob schneiden. Den Ingwer und den Knoblauch schälen. Staudensellerie, Ingwer und Knoblauch im Mixtopf 5 Sekunden/Stufe 5 zerkleinern. Die Paprikaschote längs halbieren, entkernen, waschen und in 3 cm große Stücke schneiden. Die Paprikastücke mit Olivenöl, Zitronensaft und -schale in den Mixtopf geben, mit Cayennepfeffer und ½ TL Salz würzen und 3 Sekunden/Stufe 4 zerkleinern.

3 Den Varoma-Einlegeboden mit einem passenden Stück Backpapier auslegen, dabei darauf achten, dass einige Dampfschlitze frei bleiben. Die Makrelensteaks waschen, trocken tupfen und in den Einlegeboden legen. Die Paprika-Sellerie-Mischung um den Fisch verteilen. In den Mixtopf 500 g Wasser einwiegen. Den Varoma aufsetzen und verschließen. Die Makrelensteaks 15 Minuten/Varoma/Stufe 1 garen. Den Blumenkohl-Bulgur mit dem Fisch und dem Gemüse anrichten und servieren.

*Tipp*

Vegetarisch wird's, wenn Sie statt der Makrele 250 g Süßlupinenfilet oder Tofu verwenden.

# Käsekuchen

ZUTATEN FÜR
1 KLEINE SPRINGFORM
(18 CM DURCHMESSER)

Butter für die Form
1 Bio-Zitrone
10 g Ingwer
50 g brauner Zucker
500 g Magerquark
3 Eier
25 g Süßlupinenmehl
Mark von 2 Passionsfrüchten
(z.B. Maracuja)
100 g Himbeeren
2–3 Stiele Minze

**ZUBEREITUNG:**
**1 STUNDE 10 MINUTEN**

NÄHRWERTE PRO PORTION (À 50 G)
9 g Eiweiß • 2 g Fett
10 g Kohlenhydrate

1 Die Springform mit Butter einfetten. Die Zitrone heiß waschen, die Schale dünn mit dem Sparschäler abschälen. Die Zitrone halbieren und den Saft auspressen. Den Ingwer schälen.

2 Zitronenschale, Ingwer und braunen Zucker im Mixtopf 10 Sekunden/Stufe 8 zerkleinern. Die Mischung mit dem Spatel nach unten schieben. Magerquark, Eier, Zitronensaft und Süßlupinenmehl dazugeben und alles 20 Sekunden/Stufe 4 cremig rühren. Den Teig in die Form füllen und dicht mit hitzebeständiger Frischhaltefolie bedecken.

3 Zwei Holzspieße über Kreuz in den Varoma legen. Die Form daraufsetzen, damit einige Dampfschlitze frei bleiben und der Dampf gut zirkulieren kann. Den Mixtopf spülen und 1200 g Wasser in den Mixtopf einwiegen. Den Varoma aufsetzen, verschließen und den Käsekuchen darin 60 Minuten/Varoma/Stufe 1 garen.

4 Varoma absetzen, die Form herausnehmen und abkühlen lassen. Den Käsekuchen mit dem Passionsfruchtmark beträufeln. Die Himbeeren verlesen und waschen, die Minze waschen und die Blättchen abzupfen. Den Käsekuchen mit Himbeeren und Minzblättchen garniert servieren.

# BEEREN-QUARK-
# *Muffins*

Die neuen Protein-Mehle aus Nüssen, Hülsenfrüchten und Birkenzucker versüßen glyx-niedrig das Abnehmer-Leben.

ZUTATEN FÜR 6 STÜCK

250 g Magerquark
2 Eier
75 g gemahlene Mandeln
20 g Süßlupinenmehl
25 g Birkenzucker
1 Msp. Vanillemark
1 TL Backpulver
½ TL Natron
150 g Beerenmischung (tiefgekühlt und aufgetaut)

ZUBEREITUNG: 25 MINUTEN

1 Den Backofen auf 180 °C vorheizen. Den Magerquark, die Eier, die gemahlenen Mandeln, das Süßlupinenmehl, den Birkenzucker, das Vanillemark, das Backpulver und das Natron im Mixtopf 20 Sekunden/Stufe 4 aufschlagen.

2 Den Teig gleichmäßig in sechs Cupcake-Becher oder Muffinförmchen füllen und die Beeren darauf verteilen. Im Ofen auf der mittleren Schiene etwa 20 Minuten backen. Die Beeren-Quark-Muffins herausnehmen, auf einem Kuchengitter abkühlen lassen und servieren.

NÄHRWERTE PRO PORTION

7 g Eiweiß • 7 g Fett
9 g Kohlenhydrate

# SCHOKO-LEINSAMEN-*Pudding*

Ein Pudding, der in 2 Minuten zubereitet ist, der gesund ist, der schlank macht und auch noch schmeckt? Voilà ...

ZUTATEN FÜR 2 PERSONEN

50 g Leinsamen
150 g Nussmilch (siehe S. 118)
1 TL Honig
1 TL rohes Kakaopulver
150 g Beeren (z.B. Himbeeren, Erdbeeren, Heidelbeeren)

ZUBEREITUNG: 2 MINUTEN
+ 30 MINUTEN RUHEN

1 Den Leinsamen im Mixtopf 10 Sekunden/Stufe 10 fein mahlen. Die Nussmilch, den Honig und das Kakaopulver dazugeben und 30 Sekunden/Stufe 3 untermischen.

2 Den Schoko-Leinsamen-Pudding in Schalen umfüllen und 2 Stunden quellen lassen.

3 Die Beeren verlesen und waschen. Den Pudding damit bestreuen und servieren.

NÄHRWERTE PRO PORTION

7 g Eiweiß • 10 g Fett
10 g Kohlenhydrate

# SCHWARZE-BOHNEN-Brownies

Geboren aus der Experimentierlust der modernen Küche: Brownies aus schwarzen Bohnen. Mit Nüssen, Datteln, Kakaopulver eine explosive Xunt-Mischung.

ZUTATEN FÜR 12 STÜCK

80 g Dinkelflocken
200 g schwarze Bohnen (gegart; siehe Tipp)
2 Eier
2 getrocknete Datteln (ohne Stein)
100 ml Nussmilch (siehe S. 118)
30 g Kakaonibs
30 g Kakaopulver
25 g Muscovado (Rohrohrzucker)
1 EL Backpulver
50 g gehackte Walnusskerne

NÄHRWERTE PRO STÜCK

8 g Eiweiß • 6 g Fett
15 g Kohlenhydrate

**ZUBEREITUNG: 35 MINUTEN**

1 Den Backofen auf 180 °C vorheizen. Eine ofenfeste Form (14 × 20 cm) mit Backpapier auslegen. Die Dinkelflocken im Mixtopf 10 Sekunden / Stufe 10 fein mahlen und in eine Schüssel umfüllen. Die schwarzen Bohnen, die Eier, die Datteln und die Nussmilch im Mixtopf 30 Sekunden / Stufe 4–6 ansteigend pürieren.

2 Die Kakaonibs, 20 g Kakaopulver, den Muscovado, Backpulver und Walnusskerne dazugeben und 10 Sekunden / Stufe 4 mischen. Den Teig in die Form füllen und glattstreichen.

3 Die Schwarze-Bohnen-Masse im Ofen auf der zweiten Schiene von unten 30 Minuten backen. Die Brownies herausnehmen und in der Form abkühlen lassen. Dann auf eine Platte stürzen, in 12 Stücke schneiden und mit dem restlichen Kakaopulver bestäuben.

## Auf Vorrat

Schwarze Bohnen garen: Dafür 200 g getrocknete schwarze Bohnen über Nacht (8 Stunden) in 300 ml kaltem Wasser einweichen. Die Bohnen im Gareinsatz abgießen. 1200 g Wasser in den Mixtopf geben. Den Gareinsatz einhängen. 60 Minuten/Varoma/Stufe 3 garen. Falls das Wasser überkocht, die Temperatur auf 98 °C schalten und weitergaren.

# SCHOKOLADEN-Sorbet

ZUTATEN FÜR 4–6 PERSONEN

25 g Muscovado (Rohrohrzucker)
80 g Zartbitterschokolade
(80 % Kakaoanteil)
20 g rohes Kakaopulver
Salz

ZUBEREITUNG: 15 MINUTEN
+ ÜBER NACHT GEFRIEREN

1 Den Muscovado im Mixtopf 10 Sekunden/Stufe 10 fein mahlen und mit dem Spatel nach unten schieben. Die Schokolade in Stücke brechen, dazugeben und 5 Sekunden/Stufe 8 zerkleinern. Die Mischung mit dem Spatel nach unten schieben.

2 Den Rühraufsatz einsetzen. In den Mixtopf 300 g Wasser einwiegen, Kakaopulver und 1 Prise Salz dazugeben. Erst 10 Sekunden/Stufe 3.5 vermischen, dann 7 Minuten/60 °C/Stufe 2 erwärmen. Die Masse in Eiswürfelbehälter oder eine flache Gefrierdose umfüllen und abkühlen lassen. Anschließend über Nacht im Tiefkühlfach gefrieren lassen.

3 Die gefrorenen Eiswürfel (oder die Sorbetmasse aus der Dose in Würfel geschnitten) im Mixtopf erst 20 Sekunden/Stufe 9 zerkleinern, dann mithilfe des Spatels 30 Sekunden/Stufe 4 cremig rühren. Das Schokoladensorbet sofort servieren.

NÄHRWERTE PRO PORTION

2 g Eiweiß • 7 g Fett
10 g Kohlenhydrate

# GRÜNER-APFEL-ZITRONEN-Sorbet

ZUTATEN FÜR 4–6 PERSONEN

500 g grünschalige Äpfel
(z. B. Granny Smith)
10 g frisch gepresster Zitronensaft
1 TL Matchateepulver
1 frisches Eiweiß

ZUBEREITUNG: 5 MINUTEN
+ ÜBER NACHT GEFRIEREN

1 Am Vortag die Äpfel waschen und vierteln, dabei die Kerngehäuse entfernen. Das Fruchtfleisch in 1 cm große Würfel schneiden. Die Apfelwürfel flach auf zwei Gefrierbeutel verteilen und über Nacht im Tiefkühlfach gefrieren lassen.

2 Am nächsten Tag die gefrorenen Apfelwürfel, den Zitronensaft, das Matchateepulver und das Eiweiß im Mixtopf mithilfe des Spatels 1 Minute 30 Sekunden / Stufe 4 cremig rühren. Das Grüner-Apfel-Zitronen-Sorbet sofort servieren.

NÄHRWERTE PRO PORTION

1 g Eiweiß • 0 g Fett
14 g Kohlenhydrate

# Sommerbeeren-Schaum

Dass uns herrliche Desserts nicht mit Dickmachern, sondern mit Eiweiß und Vitalstoffen versorgen, ist noch nicht so in unser aller Gehirn durchgedrungen. Denkt mal drüber nach.

ZUTATEN FÜR 2 PERSONEN
10 g Rohrohrzucker
150 g gemischte Sommerbeeren (z.B. Himbeeren, Erdbeeren, Johannisbeeren; tiefgekühlt)
5 g frisch gepresster Zitronensaft
1 frisches Eiweiß
15 g Zartbitterschokolade (mind. 80% Kakaoanteil)
5 g Pistazienkerne
5 g geschälte Hanfsamen

ZUBEREITUNG: 5 MINUTEN

NÄHRWERTE PRO PORTION
5 g Eiweiß • 6 g Fett
13 g Kohlenhydrate

1 Den Zucker im Mixtopf 10 Sekunden/Stufe 10 mahlen und mit dem Spatel nach unten schieben. Die Beeren, den Zitronensaft und das Eiweiß hinzufügen und mithilfe des Spatels 25 Sekunden/Stufe 4 zerkleinern. Die Masse mit dem Spatel nach unten schieben.

2 Den Rühraufsatz einsetzen und alles 3 Minuten/Stufe 3.5 schaumig aufschlagen. Inzwischen die Schokolade und die Pistazienkerne mit dem Messer fein hacken.

3 Den Sommerbeeren-Schaum in zwei Gläser füllen und mit den Schokoladensplittern, Pistazienkernen und Hanfsamen bestreut servieren.

# Glyx-Mix aus dem Vorrat

Wer gesund und stressfrei abnehmen möchte, der sollte sich artgerechten Vorrat halten. Zum Beispiel: Protein-Samen-Brot. Eiweiß-Kekse. Gewürz-Kerne-Mix. Glyx-Pasten & Glücks-Saucen. Fermentierten Salat und Für-immer-schlank-Brühe.

1DI/DECILITER
½ tsp ~2.5ml

# PROTEIN-
# Samen-Brot

Ohne Brot könnt ich nicht leben. Aber ich möchte wissen, was drin ist. Weil's sonst gleich auf der Hüfte drauf ist. Und die Laune drunten ist. So nicht …

ZUTATEN FÜR 1 BROT (700 G)
150 g Mandeln
50 g Haferkleie
75 g Leinsamen
½ TL Meersalz
1 Päckchen Weinstein-Backpulver
3 Eier
250 g Magerquark
25 g Hanfsamen

**ZUBEREITUNG: 5 MINUTEN**
**+ 30 MINUTEN RUHEN**
**+ 1 STUNDE BACKEN**

NÄHRWERTE PRO PORTION (À 50 G)
7 g Eiweiß • 9 g Fett
4 g Kohlenhydrate

1 Eine Kastenform (15 cm Kantenlänge) mit Backpapier auslegen. Die Mandeln, die Haferkleie, den Leinsamen und das Meersalz im Mixtopf 10 Sekunden / Stufe 10 fein mahlen. Das Backpulver, die Eier und den Magerquark hinzufügen und 20 Sekunden / Knetstufe verkneten.

2 Den Teig in die Form füllen. Mit den Hanfsamen bestreuen und 30 Minuten zugedeckt im Kühlschrank quellen lassen.

3 Den Backofen auf 160 °C vorheizen. Das Protein-Samen-Brot im Ofen auf der zweiten Schiene von unten 1 Stunde backen. Herausnehmen, aus der Form stürzen und auf einem Kuchengitter abkühlen lassen.

## Tipp

Das Brot ist durch den hohen Quarkanteil sehr feucht. Zum Aufbewahren deshalb am besten nach dem Abkühlen in Scheiben schneiden, einfrieren und nach Bedarf auftauen und schmecken lassen.

# DIE GESÜNDESTEN *Bagels der Welt*

Auch hier die bestechend schlichte Lösung „gesund“, „schlank“ und „lecker“ in einen Teig kneten zu lassen: Bagels aus den neuen Protein-Mehlen.

ZUTATEN FÜR 6 STÜCK

15 g Flohsamenschalen
50 g Leinsamen
100 g Mandeln
250 g Magerquark
2 Eier
30 g Süßlupinenmehl
Salz
1 geh. TL Weinstein-Backpulver

**ZUBEREITUNG: 30 MINUTEN + 30 MINUTEN RUHEN**

NÄHRWERTE PRO PORTION

12 g Eiweiß • 14 g Fett
4 g Kohlenhydrate

1 Die Flohsamenschalen, den Leinsamen und die Mandeln im Mixtopf 20 Sekunden / Stufe 10 fein mahlen. Den Magerquark, die Eier, das Süßlupinenmehl und ½ TL Salz dazugeben und 30 Sekunden / Stufe 4 untermischen. Den Teig zugedeckt 30 Minuten quellen lassen.

2 Das Backpulver mit in den Mixtopf geben und 10 Sekunden / Stufe 4 untermischen. Den Backofen auf 180 °C vorheizen. Ein Backblech mit Backpapier auslegen. Den Teig mit einem Esslöffel in 6 Portionen teilen und in Häufchen auf das Backblech setzen. Mit angefeuchteten Händen mittig ein Loch eindrücken und rund formen, bis die typische Bagelform entstanden ist.

3 Die Bagels im Ofen auf der mittleren Schiene etwa 25 Minuten backen. Herausnehmen und gut auskühlen lassen.

## Tipp

Genießen Sie die ersten leckeren Bagels frisch. Den Rest können Sie auf Vorrat einfrieren. Morgens dann einfach kurz auf dem Toaster oder im Backofen aufbacken und schmecken lassen.

# Eiweiß-Kekse

Abnehmer sollten sich einen Vorrat an Keksen halten, solche, die nicht mehr als 1 g Kohlenhydrate enthalten. Der darf nie ausgehen. Tut er aber …

ZUTATEN FÜR CA. 20 STÜCK
100 g Haselnusskerne
25 g Eiweißpulver
20 g Muscovado (Rohrohrzucker)
45 g Butter
Salz

ZUBEREITUNG: 20 MINUTEN

NÄHRWERTE PRO STÜCK
2 g Eiweiß • 4 g Fett
1 g Kohlenhydrate

1 Den Backofen auf 175 °C vorheizen. Ein Backblech mit Backpapier belegen. Die Haselnusskerne, das Eiweißpulver und den Muscovado im Mixtopf 10 Sekunden / Stufe 10 fein mahlen.

2 Die Butter, 1 Prise Salz und 1 EL kaltes Wasser dazugeben. Alle Zutaten mithilfe des Spatels 15 Sekunden / Stufe 4 mischen. Den Teig aus dem Mixtopf nehmen und auf der Arbeitsfläche mit den Händen zu einer Rolle formen. Die Rolle in gleich große Scheiben schneiden und auf das vorbereitete Backblech legen.

3 Die Eiweiß-Kekse im Ofen auf der mittleren Schiene 10 bis 12 Minuten goldbraun backen. Die Eiweiß-Kekse herausnehmen und auf einem Kuchengitter abkühlen lassen. In einer Gebäckdose aufbewahren.

# Gewürz-Kerne-Mix

Wer sagt, dass das Knabbern ungesund ist? Ich nicht! So nicht!
Diese Gewürze verlängern alle das Leben – Nüsse und Kerne tun das auch.

ZUTATEN FÜR 16 PORTIONEN

1 TL Chiliflocken
2 TL Garam Masala
(oder Currypulver)
1 TL gemahlene Kurkuma
1 TL Salz
400 g Kerne-Mix
(z.B. Walnuss-, Haselnuss-, Kürbis-, Sonnenblumenkerne)
2 frische Eiweiß

ZUBEREITUNG: 20 MINUTEN

NÄHRWERTE PRO PORTION (À 30 G)

12 g Eiweiß • 19 g Fett
3 g Kohlenhydrate

1 Den Backofen auf 180°C Umluft vorheizen. Die Gewürze und Kerne im Mixtopf 4 Sekunden/Stufe 8 mahlen. Die Eiweiße hinzufügen und 10 Sekunden/Stufe 3 untermischen.

2 Die Gewürz-Kerne-Mischung auf einem mit Backpapier belegten Backblech verteilen und im Ofen auf der mittleren Schiene etwa 12 bis 15 Minuten rösten.

3 Den Gewürz-Kerne-Mix aus dem Ofen nehmen, abkühlen lassen, in Stücke teilen und als Snack genießen.

# Linsenwraps

Von diesen Wraps kann man zwei Stück essen – und es tangiert den Blutzucker nicht mal! Ja, man darf da ruhig auch noch was Leckeres reinfüllen ...

ZUTATEN FÜR 8 STÜCK

100 g Linsenmehl
20 g Olivenöl und 1 EL Olivenöl zum Braten
1 Ei
½ TL Salz

ZUBEREITUNG: 10 MINUTEN + 1 STUNDE RUHEN

NÄHRWERTE PRO PORTION

4 g Eiweiß • 5 g Fett
5 g Kohlenhydrate

1 Das Linsenmehl, 20 g Olivenöl, das Ei und das Salz in den Mixtopf geben und 175 g Wasser einwiegen. Alle Zutaten 20 Sekunden/Stufe 3.5 mischen. Den Teig abgedeckt 1 Stunde quellen lassen.

2 Eine beschichtete Pfanne (20 cm Durchmesser) erhitzen und etwas Olivenöl mit einem Backpinsel darin verstreichen. Eine kleine Schöpfkelle Teig hineingeben und durch Schwenken gleichmäßig in der Pfanne verteilen. Den Wrap etwa 2 Minuten goldbraun backen, dann wenden und auf der zweiten Seite fertig backen. Auf diese Weise 8 Wraps zubereiten.

## Tipp

Je nach Sorte des Linsenmehls gegebenenfalls etwas mehr Wasser zugeben, damit ein dünnflüssiger Teig entsteht. Die Wraps sollten schön dünn sein, damit sie sich gut rollen lassen. Den Teig unbedingt gut quellen lassen, damit die Wraps später nicht brechen.

# KNOBLAUCH-KURKUMA-*Paste*

Kurkuma und Knoblauch sind Heilpflanzen. Entzündungshemmend. Schmerzlindernd. Entgiftend. Das Immunsystem stärkend. Schlaffördernd. Gut für die Leber. Was will man mehr?

FÜR CA. 400 G

130 g Knoblauchzehen
20 g Kurkumawurzel (oder 3 TL gemahlene Kurkuma)
100 g Olivenöl
1 TL Salz

**ZUBEREITUNG: 25 MINUTEN**

1 Knoblauch und Kurkuma schälen, Kurkuma in Stücke schneiden. In den Mixtopf 200 g Wasser einwiegen, das Olivenöl dazugießen und Knoblauch und Kurkuma dazugeben. Die Mischung 20 Minuten/100 °C/Linkslauf/Rührstufe garen, dann 1 Minute/Stufe 3.5 bis 7 ansteigend pürieren.

2 Die Knoblauch-Kurkuma-Paste in ein Schraubglas füllen. Gut verschlossen im Kühlschrank hält sie sich etwa 1 Woche.

NÄHRWERTE PRO PORTION (À 15 G)

< 1 g Eiweiß • 4 g Fett
1 g Kohlenhydrate

# KÜRBISKERN-KRÄUTER-*Pesto*

Die wunderbarste Erfindung meiner Lieblingsküche: Pesto. Nichts tut mehr für unsere tägliche Gesundheit als die Kombi aus Kräutern, Nüssen oder Kernen und wertvollem pflanzlichem Öl.

FÜR 150 G

60 g gemischte Kräuter (z. B. Petersilie, Schnittlauch, Kerbel, Oregano, Basilikum)
30 g Kürbiskerne
10 g frisch gepresster Zitronensaft
½ TL Salz • ¼ TL Pfeffer aus der Mühle • 40 g Olivenöl
10 g Kürbiskernöl

ZUBEREITUNG: 5 MINUTEN

1 Die Kräuter waschen, trocken schütteln und je nach Sorte die Blättchen abzupfen. Die Kräuter im Mixtopf 3 Sekunden/Stufe 8 zerkleinern und die Mischung mit dem Spatel nach unten schieben.

2 Die Kürbiskerne zu den Kräutern in den Mixtopf geben, 5 Sekunden/Stufe 6 zerkleinern und mit dem Spatel nach unten schieben. Zitronensaft, Salz, Pfeffer und beide Ölsorten hinzufügen und 20 Sekunden/Stufe 4 untermischen.

3 Das Kürbiskern-Kräuter-Pesto in ein Schraubglas füllen und gut verschlossen im Kühlschrank aufbewahren. Das Pesto innerhalb von 3 bis 4 Tagen verbrauchen.

NÄHRWERTE PRO PORTION (À 25 G)

2 g Eiweiß • 5 g Fett
‹ 1 g Kohlenhydrate

# Misocreme

Damit es auf dem Brot oder den Gemüsestreifen nicht etwa langweilig zugeht, mixt man auch mal einen Hauch von Asien in den Mandel-Dip. Lecker!

FÜR CA. 600 G
200 g Mandeln
50 g Misopaste
25 g zimmerwarmes Kokosöl
Saft von 1 Zitrone
Pfeffer aus der Mühle

ZUBEREITUNG: 5 MINUTEN

1 Die Mandeln im Mixtopf 10 Sekunden/Stufe 10 fein mahlen. Die Misopaste, das Kokosöl und den Zitronensaft dazugeben und 1 Minute/40 °C/Stufe 4 mischen und schmelzen.

2 In den Mixtopf 350 g Wasser einwiegen und alles 2 Minuten/Stufe 3.5 bis 7 ansteigend pürieren. Die Misocreme mit Pfeffer würzen, in ein sauberes Schraubglas füllen und im Kühlschrank aufbewahren.

NÄHRWERTE PRO PORTION (À 30 G)
3 g Eiweiß • 6 g Fett
‹ 1 g Kohlenhydrate

# Tahin-Chili-Sauce

Und für noch mehr Abwechslung auf der Kohlrabischeibe oder dem Protein-Samen-Brot oder dem weltgesündesten Bagel sorgt nicht minder gesund die Sesam-Chili-Sauce.

FÜR CA. 750 G

250 g helle Sesamsamen
5 g Olivenöl
1 kleine rote Chilischote (oder
1 TL Chiliflocken)
2 Knoblauchzehen
500 g Gemüsebrühe (siehe S. 115)
1 TL Salz
¼ TL Pfeffer aus der Mühle
15 g frisch gepresster Zitronensaft

**ZUBEREITUNG: 20 MINUTEN**

1 Den Sesam in einer Pfanne ohne Fett duftend anrösten, herausnehmen und abkühlen lassen. Im Mixtopf erst 10 Sekunden / Stufe 10 zerkleinern, dann 10 Sekunden / Stufe 10 fein mahlen. Mit dem Spatel nach unten schieben. Das Olivenöl dazugießen und 8 Sekunden / Stufe 8 pürieren, die Mischung mit dem Spatel nach unten schieben und erneut 8 Sekunden / Stufe 8 pürieren. Das Tahin umfüllen.

2 Die Chili längs halbieren, entkernen, waschen und grob zerkleinern. Knoblauch schälen und mit der Chili im ungespülten Mixtopf 3 Sekunden / Stufe 8 zerkleinern. Mit dem Spatel nach unten schieben, die Brühe dazugießen und 10 Minuten / 100 °C / Stufe 2 garen. Tahin, Salz, Pfeffer und Zitronensaft dazugeben und 1 Minute / Stufe 4 emulgieren.

NÄHRWERTE PRO PORTION (À 50 G)

4 g Eiweiß • 9 g Fett
2 g Kohlenhydrate

# Fermentierter Salat

ZUTATEN FÜR 1 BÜGELVERSCHLUSS-GLAS (FASSUNGSVERMÖGEN 1 L)

20 g Ingwer
2 TL Chiliflocken
15 g Salz
2 Knoblauchzehen
1 kg Chinakohl

**ZUBEREITUNG: 10 MINUTEN
+ 6 STUNDEN ZIEHEN
+ 4–6 TAGE FERMENTIEREN**

NÄHRWERTE PRO PORTION (À 100 G)

1 g Eiweiß • 0,5 g Fett
1 g Kohlenhydrate

1 Das Bügelglas mit kochendem Wasser ausspülen und kopfüber abtropfen lassen. Den Ingwer schälen und in Stücke schneiden. Die Ingwerstücke, die Chiliflocken, das Salz und den Knoblauch im Mixtopf 4 Sekunden/Stufe 8 zerkleinern und die Mischung mit dem Spatel nach unten schieben.

2 Vom Chinakohl die äußeren Blätter entfernen, den Kohl vierteln und den harten Strunk entfernen. In grobe Stücke schneiden, die Hälfte mit in den Mixtopf geben und 2 Sekunden/Stufe 5 zerkleinern. Die Mischung aus dem Mixtopf in eine große Schüssel umfüllen.

3 Die andere Hälfte vom Chinakohl im Mixtopf 2 Sekunden/Stufe 5 zerkleinern. Zum übrigen Chinakohl in die Schüssel geben, gut mischen und abgedeckt etwa 6 Stunden (oder über Nacht) Wasser ziehen lassen. Dafür den Chinakohl mit einem Teller beschweren und andrücken.

4 Am nächsten Tag den Chinakohl samt der entstandenen Lake in das Bügelglas schichten. Den Kohl nach unten drücken, sodass er vollständig mit der Lake bedeckt ist. Einen Gefrierbeutel mit Wasser füllen, zuknoten und den Kohl damit beschweren. Den Deckel der Bügelflasche verschließen und das Glas auf einen Teller stellen.

5 Den Chinakohl bei Zimmertemperatur etwa 4 bis 6 Tage fermentieren lassen. Zum Aufbewahren den Gefrierbeutel entfernen, das Glas verschließen und im Kühlschrank lagern.

# Knochenbrühe

Uralte Medizin: Eine heiße Brühe weckt den inneren Doktor, dämpft den Hunger, glättet Falten und flickt Löcher im Darm. Und im Turbomixer ist das keine Arbeit.

ZUTATEN FÜR CA. 1,2 L BRÜHE

1 Zwiebel
1 Möhre
150 g Knollensellerie
3–4 Mark- und Fleischknochen
1 Lorbeerblatt
3 Pimentkörner
3 schwarze Pfefferkörner
2 TL Salz

**ZUBEREITUNG:**
**1 STUNDE 45 MINUTEN**

NÄHRWERTE PRO PORTION (À 200 ML)

5 g Eiweiß • 0 g Fett
0 g Kohlenhydrate

1 Die Zwiebel halbieren. Die Möhre und den Sellerie schälen und in grobe Stücke schneiden. Zwiebel, Möhren- und Selleriestücke mit den Mark- und Fleischknochen und den Gewürzen in den Gareinsatz geben und in den Mixtopf hängen.

2 In den Mixtopf 1700 g Wasser einwiegen, das Salz hinzufügen und erst 15 Minuten/100°C/Stufe 2 kochen, dann 75 Minuten/95°C/Stufe 2 garen.

3 Den Dämpfeinsatz mithilfe des Spatels herausheben und abtropfen lassen. Die Brühe durch ein feines Sieb abgießen und in sterilisierte Einmachgläser mit Deckel füllen. Die Gläser luftdicht verschließen und 10 Minuten kopfüber stehen lassen.

## Tipp

Für Gemüsebrühe 1 Bund Suppengemüse, 1 Fenchelknolle, 3 bis 4 Pilze oder anderes Gemüse nach Belieben in Stücke schneiden und anstelle der Knochen verwenden. Beim Zubereiten fallen immer wieder Gemüseschalen und -abschnitte an. Sammeln Sie diese in einer Dose im Gefrierfach und verwenden Sie sie für die Gemüsebrühe.

# Buttermilchdressing

Buttermilchdressing? Super! Gemüse ist nun mal des Abnehmers Hauptsache.
Und das sollte hauptsächlich nicht langweilig werden ...

ZUTATEN FÜR 250 ML

200 g Buttermilch
20 g Apfelessig
1 TL Honig
Salz
Pfeffer aus der Mühle
20 g Olivenöl

ZUBEREITUNG: 5 MINUTEN

1 Buttermilch, Apfelessig, Honig, 2 bis 3 Prisen Salz, 2 Prisen Pfeffer und Olivenöl im Mixtopf 20 Sekunden/Stufe 5 mischen.

2 Das Buttermilchdressing in ein sauberes Schraubglas füllen und im Kühlschrank aufbewahren. Das Dressing innerhalb von 3 bis 4 Tagen verbrauchen.

NÄHRWERTE PRO PORTION (À 25 ML)

‹1 g Eiweiß • 2 g Fett
1 g Kohlenhydrate

# Currydressing

Auch das sorgt dafür, dass der Glyx-Salat pure Freude stiftet.
Und man punktet, wenn man sie Freunden serviert.

ZUTATEN FÜR 250 ML

10 g Ingwer
1 Knoblauchzehe
½ TL Korianderkörner
2 TL Currypulver
20 g körniger Senf
20 g Apfelessig
70 g Knochen- oder Gemüsebrühe (siehe S. 114/115)
50 g frisch gepresster Orangensaft
½ TL Salz
¼ TL Pfeffer aus der Mühle
60 g Olivenöl

ZUBEREITUNG: 7 MINUTEN

1 Den Ingwer und den Knoblauch schälen und beides mit den Korianderkörnern im Mixtopf 3 Sekunden/Stufe 8 zerkleinern. Die Mischung mit dem Spatel nach unten schieben.

2 Das Currypulver, den Senf, den Apfelessig, die Brühe, den Orangensaft, Salz und Pfeffer dazugeben und erst 20 Sekunden/Stufe 8 zerkleinern, dann 3 Minuten/Stufe 4 emulgieren. Währenddessen das Olivenöl langsam auf den Mixtopfdeckel gießen und am Messbecher vorbei in das laufende Messer tropfen lassen.

3 Das Currydressing in ein sauberes Schraubglas füllen und im Kühlschrank aufbewahren. Das Dressing innerhalb von 3 bis 4 Tagen verbrauchen.

NÄHRWERTE PRO PORTION (À 25 ML)

<1 g Eiweiß • 6 g Fett
1 g Kohlenhydrate

# NUSS- ODER *Mandelmilch*

Im richtigen Glyx-Leben steht auch eine Mandelmilch neben der Kaffeemaschine. Die lässt sich wunderbar aufschäumen – und sorgt für gesunde und schlanke Abwechslung.

ZUTATEN FÜR 1½ L

250 g Nüsse oder Mandeln (z.B. Walnusskerne, Haselnusskerne)
Salz
1 Msp. Vanillemark
1 TL Honig

ZUBEREITUNG: 10 MINUTEN
+ ÜBER NACHT EINWEICHEN

NÄHRWERTE PRO PORTION (À 50 G)

1 g Eiweiß • 2 g Fett
1 g Kohlenhydrate

1 Am Vorabend die Nüsse oder Mandeln in den Gareinsatz geben und unter fließendem Wasser abspülen. In einer Schüssel mit Wasser bedecken und über Nacht einweichen lassen.

2 Am nächsten Tag die Nüsse oder Mandeln abgießen, abtropfen lassen und in den Mixtopf geben. In den Mixtopf 1500 g Wasser einwiegen, 1 Prise Salz, Vanillemark und Honig hinzufügen und 2 Minuten/Stufe 10 fein pürieren.

3 Die Masse in einen Nussbeutel (z.B. aus dem Internethandel) oder in ein Passiertuch abgießen, dabei eine Karaffe unterstellen. Gut abtropfen lassen und die restliche Masse gründlich ausdrücken.

**Tipp**

Die Nussreste lassen sich bestens weiterverwerten, indem Sie sie auf einem Backblech ausgebreitet trocknen lassen und später zum Backen verwenden.

# Die Glyx-Zahl

Das wahre Glück hat eine Zahl und heißt glykämischer Index. Die Abkürzung Glyx ist mir vor zwei Jahrzehnten eingefallen. Glyx ist eine Zahl von 1 bis 110, die ein Lebensmittel nach seiner Fähigkeit bewertet, Insulin zu locken. Bis 55 heißt Glück, ohne groß Insulin zu locken. Sprich schlank zu bleiben. Über 55 heißt: viel Insulin, Fettverbrennung stoppt, Heißhunger kommt.

*»Glyx heißt die Fee, die nachts die Klamotten weiter macht.«*

Die Anti-Heißhunger-Regel mit Nonstop Fettverbrennungs-Garantie ist einfach: Minimiere die Lebensmittel mit hohem glykämischem Index. Und greife zu bei Lebensmitteln mit niedrigem Glyx: unter 55.

## HOHER GLYX › 55

### GETRÄNKE

Limonaden 70, Cola 70, Fruchtsäfte 50–70, Obst-Smoothies 70, Bier (Maltose) 110, Sportlergetränke 80

### GEMÜSE & OBST

Dosenobst 65, gekochte Karotten 60, Ananas 60, reife Bananen 60, Rosinen 65, Honigmelone 65, Kürbis 75, Wassermelone 75, Papaya 60, Mango 55, Kiwi 55, Süßkirschen 65, Pastinaken 95, Süßkartoffel 60

### BROT & GETREIDEPRODUKTE

Graubrot 65, Weißbrot 70–95, Weizen-Vollkornbrot 71, gezuckertes Müsli 70, Cornflakes 85, Crunchies, Pops & Loops 80, Croissant 70, Baguette 95, Laugenbrezel 85

### BEILAGE

Pommes frites 75, Bratkartoffeln 95, Gnocchi 70, Kartoffelpüree 75, Couscous 65, Langkornreis poliert 65

### MILCHPRODUKTE

Kondensmilch 60, Milchprodukte mit Fruchtzusatz 55–70

### SÜSSES & KNABBEREIEN

Schokolade 55, Zucker (Saccharose) 70, Traubenzucker (Glukose) 100, Popcorn süß 90, Fruchtgummi 80, Reiskräcker 90, Waffelmischung 75, Industrie-Kekse 70–90, Müsli-Riegel 60, Eiscreme 60, Mais-Chips 75, Kartoffelchips 55, Popcorn salzig 55

## NIEDRIGER GLYX < 55

### GETRÄNKE
Frische Gemüsesäfte 15, grüne Smoothies 15– 40, weißer Kefir 15, trockener Wein 15, Wasser mit Zitrone 0, Kaffee 0, Tee 0

### GEMÜSE, OBST & CO.
Einheimisches frisches Obst 15–40, Grapefruit 25, Orange 45, frisches Gemüse 15–25, Pilze 15, Linsen 30, grüne Bohnen 30, Erbsen aus der Dose 50, Nüsse, Samen, Kerne, Sprossen 25, Topinambur 15

### BROT & GETREIDEPRODUKTE
Vollkornmüsli (ohne Zucker) 40, Pumpernickel 50, Roggenvollkornbrot (Sauerteig) 50, Vollkornschrotbrot 50, Früchtebrot 45, Protein-Samen-Brot 30

### BEILAGE
Pasta (al dente) 40, Hülsenfrüchte-Nudeln 40, Vollkornnudeln 40, Naturreis 55, Bulgur 50, Quinoa 35, Amaranth 35, Wildreis 55

### MILCHPRODUKTE
Milch 30, Käse, Joghurt, Buttermilch, Quark, Kefir, Dickmilch, Schwedenmilch 15–30

### SÜSSES & KNABBEREIEN
Bitterschokolade (80 % Kakao) 20, Akazienhonig 30, Agavendicksaft (aus blauer Agave) 30, Kokosblütenzucker 35, Marmelade (ohne Zucker) 30

## BEILAGEN
Wer viel abnehmen möchte, sollte mal vier Wochen lang die Kohlenhydratportionen geringhalten – auch wenn der Glyx niedrig ist. Dann die Portion langsam erhöhen, gucken, wie viel der Stoffwechsel verträgt, ohne zuzunehmen. Natürlich kann man auch mal eine Schlampermahlzeit mit vielen Kohlenhydraten genießen. Und die mit der nächsten Mahlzeit ausgleichen: NoCarb. Folgende Mengen garantieren, dass der Blutzucker in seinen geregelten Bahnen bleibt, die Fettverbrennung nicht ausgebremst wird: Amaranth (45 g), Blumenkohl-Bulgur* (150 g), Buchweizennudeln (40 g), Bulgur aus Dinkel (25 g), Basmativollkornreis (40 g), Dinkel wie Reis (40 g), Glyx-Brot* (80 g), Glasnudeln aus Mungobohnen (40 g), Kaniwa (40 g), Kelpnudeln (100 g), Kichererbsenpasta (40 g), Linsenpasta (40 g), Naturreis, auch parboiled (40 g), Pasta al dente (40 g), 2 kleine Pellkartoffeln (100 g), Quinoa (45 g), Roggenschrotbrot (40 g), Shirataki-Nudeln (unbegrenzt), Sojanudeln (40 g), Topinambur (50 g), Vollkornnudeln (40 g), Urkorn (40 g), Wildreis (40 g), Wrap* (40g)

** = Rezept in diesem Buch*

# Vier Wochen glyxen

So könnten vier Glyx-Wochen in Ihrem Leben aussehen. Könnten. Sie dürfen sich die Rezepte freilich auch ganz einfach nach Gusto aus diesem Buch aussuchen.

## 1. WOCHE

| | Montag | Dienstag | Mittwoch | Donnerstag | Freitag | Samstag | Sonntag |
|---|---|---|---|---|---|---|---|
| Morgens | Fatburner-Smoothie | Buchweizenporridge mit Erdbeermus | Lebensretter-Smoothie | Kräuteromelett mit Protein-Samen-Brot | Bagels mit Frischkäse und Zitrus-Fruchtaufstrich | Heidelbeer-Passionsfrucht-Bowl | Mandel-Pancakes mit Aroniabeeren |
| Mittags | Salat to go | 15-Minuten-Fischsuppe und Fermentierter Salat | Sandwich to go | Hähnchentopf | Paprika-Buttermilch-Gazpacho | Rotkohlsalat mit Feta und Granatapfel | Süßlupinen-Geschnetzeltes mit Pilzen |
| Abends | Buntes Linsen-Gemüse-Dal | Möhren-Feta-„Crostini" mit Protein-Samen-Brot | Wildhackbällchen mit Kräuterhummus | Fit-Fühl-Salat mit Ei | Makrelensteaks mit Raw-Blumenkohl-Bulgur | Auberginen-Amaranth-Burger | Raw Antipasti-Gemüse |

## 2. WOCHE

| | Montag | Dienstag | Mittwoch | Donnerstag | Freitag | Samstag | Sonntag |
|---|---|---|---|---|---|---|---|
| Morgens | Quick-Start-Quark | Quinoa-Kefir-Bowl mit Grapefruit | Lebensretter-Smoothie | Hüttenkäse-Ei-Muffins | Heidelbeer-Passionsfrucht-Bowl | Lachs-Amaranth-Rollen | Bagels mit Glyx-Mix-Frischkäse und Zitrus-Fruchtaufstrich |
| Mittags | Sandwich to go | Spargeleintopf | Salat to go | Brokkoli-Walnuss-Suppe und Fermentierter Salat | Hähnchenbolognese mit Kohlrabinudeln | Buntes Linsen-Gemüse-Dal | Rotkohlsalat mit Feta und Granatapfel |
| Abends | Glyx-Obatzda mit Radi | Bagel mit Glyx-Mix-Frischkäse (dazu 100 g geräucherte Forelle) | 15-Minuten-Fischsuppe | Süßlupinen-Geschnetzeltes mit Pilzen | Fit-Fühl-Salat mit Ei | Raw Antipasti-Gemüse | Rindfleisch-Tajine mit schwarzen Oliven und Tomaten |

## 3. WOCHE

| | Montag | Dienstag | Mittwoch | Donnerstag | Freitag | Samstag | Sonntag |
|---|---|---|---|---|---|---|---|
| Morgens | Fatburner-Smoothie | Quinoa-Kefir-Bowl mit Grapefruit | Protein-Samen-Brot und Frühstücks-Nuss-Mus | Bagels mit Frischkäse und Zitrus-Fruchtaufstrich | Frischkorn Overnight Oats mit Aprikosen | Mandel-Pancakes mit Aroniabeeren | Kräuteromelett mit Bagel |
| Mittags | Sandwich to go und Fermentierter Salat | Buntes Linsen-Gemüse-Dal | Spargeleintopf | Möhren-Feta-„Crostini" und Protein-Samen-Brot | Gemüse-Emmersotto mit Lachs | Paprika-Buttermilch-Gazpacho | Fit-Fühl-Salat mit Ei |
| Abends | Brokkoli-Walnuss- Suppe | Auberginen-Amaranth-Burger | Linsenwrap mit Aufstrich und Füllung | Szegediner Topf orientalisch | Rotkohlsalat mit Feta und Granatapfel | Makrelensteaks mit Raw-Blumenkohl-Bulgur | Hähnchenbolognese mit Kohlrabinudeln |

## 4. WOCHE

| | Montag | Dienstag | Mittwoch | Donnerstag | Freitag | Samstag | Sonntag |
|---|---|---|---|---|---|---|---|
| Morgens | Quick-Start-Quark | Heidelbeer-Passionsfrucht-Bowl | Buchweizenporridge mit Erdbeermus | Lebensretter-Smoothie | Mandel-Pancakes mit Aroniabeeren | Hüttenkäse-Ei Muffins | Heidelbeer-Passionsfrucht-Bowl |
| Mittags | Salat to go | Sandwich to go und Fermentierter Salat | Knoblauch-Garnelen | Fit-Fühl-Salat mit Ei | Hähnchentopf | 15-Minuten-Fischsuppe | Süßlupinen-Geschnetzeltes mit Pilzen |
| Abends | Süßlupinen-Geschnetzeltes mit Pilzen | Glyx-Obatzda und Protein-Samen-Brot | Weiderind-Beinscheiben | Brokkoli-Walnuss-Suppe und 100 g Räucherlachs | Raw Antipasti-Gemüse | Auberginen-Amaranth-Burger | Linsenwrap mit Aufstrich und Füllung |

## DAS GILT FÜR JEDEN TAG

**Snacks, wenn nötig:** 1 Ei mit 1 EL Pesto, Gemüsesticks mit 1 EL Glyx-Mix-Frischkäse, 1 kleiner Lebensretter-Smoothie, 1 kleine Portion Fermentierter Salat, 1 kleiner saurer Apfel, 125 g frische Beeren, 2 getrocknete Aprikosen, 1 Eiweiß-Keks, 30 g Gewürz-Kerne-Mix

**Trinken:** Wasser mit Zitrone/Minze/Früchten vitalisiert, Tee warm oder kalt (alle Sorten), Kaffee ohne Zucker mit einem Blättchen Stevia, oder auch mal 1 Tasse heiße Knochenbrühe, abends, wenn man will, 1 Glas trockener Wein

**Süßes:** Sommerbeeren-Schaum oder Sorbet als leckeren Nachtisch an besonderen Tagen genießen; Käsekuchen oder Beeren-Quark-Muffins sonntags für Familie oder Freunde zubereiten; 1 Stück Schwarze-Bohnen-Brownie oder 1 Portion Schoko-Leinsamen-Pudding für den Schoko-Heißhunger

# Register

# Zu bestellen

**FATBURNER-TRAMPOLIN:** Den fröhlichsten Hometrainer der Welt gibt es in vier Gewichtsklassen von 30 bis 180 Kilogramm Körpergewicht. Passt zum Training: **Flexband** in zwei Stärken und **X-Co-Hanteln.**

**EIWEISSFORMEL 7 PLUS:** Eiweißpulver (fast) ohne Kohlenhydrate mit hoher biologischer Wertigkeit und niedrigem Glyx, dem Fatburner L-Carnitin und Magnesiumcitrat für den Säure-Basen-Haushalt. Hilft, den täglichen Eiweißbedarf zu decken: 10 g Pulver liefern 8 g Eiweiß. Ohne Farb-, Süß- und synthetische Aromastoffe, gibt's jetzt auch vegan.

**AMINO4U:** Die rein pflanzlichen Tabletten enthalten alle acht essenziellen Aminosäuren in quasi vorverdauter Form. Sie gelangen schnell ins Blut, prima, um (halb)leere Eiweißspeicher aufzufüllen. Praktisch für unterwegs.

**POWERLEGGS:** Kompressions-Leggings verringern den Beinumfang, reduzieren Cellulite, verfeinern das Hautbild, machen formschöne Beine. In verschiedenen Größen, auch als Body-Version bis zum Brustansatz.

**RAW-GERÄTE:** Die trendigen Dörr-Öfchen gibt's in verschiedenen Größen. Sie trocknen vitaminschonend zwischen 30 und 70 Grad Obst, Gemüse, Pilze, Kräuter, backen Kuchenböden, Pizza, Brot. Z.B. von Excalibur, Sedona und Dörrex.

**KRISTALL-BASE BITTERTRUNK:** Uralte kaukasische Kräuterrezeptur und neueste Erkenntnisse fließen zusammen zu einem einzigartigen Blüten- und Bitterkräutertrunk, einer Basenmineralmischung, die auch entsäuert.

**WELLNESS-TRANK:** Nie war es so einfach, gute Mikroorganismen für den Darm selbst herzustellen. Nach 2 Tagen Fermentation entstehen rund 40 Milliarden enzymaktive Mikroorganismen – für einen ausgewogenen Stoffwechsel und zur Unterstützung des Darms.

**SPIRALI:** Er zaubert im Nu aus Zucchini, Möhren, Rettich, Äpfeln, Birnen und Co. leckere No-Carb-Spaghetti, dünne Spiralen, Streifen oder Scheiben. Besonders gefragt in der Raw-Food-Küche.

**LOVE-TUNER:** Der Trend aus den USA! Eine kleine Flöte, die der berühmte Arzt und Philosoph Deepak Chopra all denen empfiehlt, die keine Zeit zum Meditieren haben. Ein kleines Juwel, das mit seinem Klang (dem Healing-Ton 528 hz) mitten ins Herz trifft. Eine Flöte, die mit nur einem Ton eine Welle der Zufriedenheit in uns erzeugt, uns „in tune" bringt mit uns selbst. Ganz nebenbei die Ausatmung verlängert, den für Entspannung zuständigen Parasympathikus aktiviert, die Lungenkapazität vergrößert und unser Nervensystem beruhigt.

**ALL-YOU-CAN-EAT SCHOKOLADE:** Kleine Schokomanufaktur für zu Hause. Die vegane „Selber-mach-raw-Schokolade" hat einen niedrigen Glyx und macht schnell satt. Es süßt Agavensirup statt Zucker. Und der Kakaoanteil liegt über 75 Prozent. Das Starterset enthält Formen, Schüsseln, Stövchen und alle Zutaten, um Raw-Schoki selbst zu kreieren. Wer nur die Zutaten braucht, bestellt das Nachfüllset.

**ERHÄLTLICH ONLINE ODER INFORMIEREN UNTER** www.fidolino.com

## HINWEIS

Der Verlag weist ausdrücklich darauf hin, dass für das Gelingen der Rezepte und die Anwendungshinweise ausschließlich der Verlag und nicht die Vorwerk Deutschland Stiftung & Co. KG, Geschäftsbereich Thermomix®, verantwortlich ist. Der Verlag besitzt keine Markenrechte am Zeichen Thermomix®. Thermomix® ist eine Marke der Vorwerk International AG. Zwischen der ZS Verlag GmbH und der Vorwerk International AG bzw. deren verbundenen Unternehmen besteht keine Verbindung.

Die in diesem Buch abgedruckten Markennamen sind rechtlich geschützt. Sie werden lediglich im Rahmen von Rezepten und Informationstexten verwendet. Alle Rezepte und Texte hat der Verlag gewissenhaft geprüft, dennoch können wir keine Garantie für die Vollständigkeit und Richtigkeit der darin enthaltenen Informationen übernehmen. Die Haftung für Schäden, die durch die Nutzung oder Nichtnutzung der im Buch enthaltenen Informationen entstehen, ist deswegen ausgeschlossen. Bitte beachten Sie unbedingt die Gebrauchsanweisung Ihres Thermomixgeräts®.


Kaiserstraße 14 b | D-80801 München

ISBN 978-3-89883-752-1
1. Auflage 2018

Projektleitung: Ines Alms, Eva Dotterweich
Texte: Marion Grillparzer
Rezepte: Susann Kreihe
Lektorat: Katinka Holupirek
Grafische Gestaltung: ZERO Werbeagentur, München
Grafische Umsetzung: Irene Schulz
Satz: Daniela Schulz
Fotografie: Claudia Timmann
Foodstyling: Torsten Schmidt
Herstellung: Frank Jansen
Producing: Jan Russok
Druck & Bindung: Lanarepro, I-Lana

Im Buch enthaltene Fotos können zur eigenen Nutzung erworben werden unter www.stockfood.com

Die ZS Verlag GmbH ist ein Unternehmen der Edel AG, Hamburg.
www.zsverlag.de | www.facebook.com/zsverlag